はじめに

　本問題集は、「新プライベートバンキング─プライマリーPB資格試験対応─」（以下「テキスト」という、編者：公益社団法人日本証券アナリスト協会）に関し、内容の理解を深め、知識の定着を図るとともに、資格試験合格を目指す方々の参考に資することを目的に刊行したものです。テキストの各分冊に対応し、本問題集も3分冊構成としており、両者を併用して学習することが合格を確実とする有効な手段になると考えています。

　このような位置づけから、問題はテキストの章・節に対応して作成するとともに（本問題集の目次参照）、問題・解答・解説の執筆にあたり、同協会の許諾を得て、テキストおよびプライマリーPB試験CBTサンプル問題集をできる限り参照・引用していますが、あり得る誤りを含め、本問題集の記述についての責任は専ら当社にあることを申し添えます。

ときわ総合サービス株式会社

JN106802

目　次 （第3分冊）

第2章　事業の承継（親族内）

第1節　事業承継の方法と検討手順

【1】　事業の競争力基盤の評価

【2】　親族内の事業承継

【3】　後継者不在時の選択

第2節　自社株式評価の体系

第3章　事業の承継（親族外）

第 4 編

事業の承継

経営環境と経営戦略

問1　経営環境と経営戦略に関する記述のうち正しいものはどれですか。

A. 企業を巡るマクロ環境に関し、主に政治要因、経済要因、社会要因、技術要因を分析する方法を各要因の英語表記イニシャルからPEST分析と呼ぶ。最近は感染症などの自然要因の影響もみられるが、同要因は企業にとって統制不可能であり、考慮する必要はない。

B. 経営戦略の立案・分析手法として３Ｃ分析があるが、これは企業、顧客、競合企業の３つの観点から分析する手法である。

C. ＳＷＯＴ分析とは自社を取り巻く経営環境の変化から生み出される機会や脅威、自社の経営資源や組織文化、ビジネスシステムなどの強みと弱みを分析する方法であり、３Ｃ分析とは全く異なる視点から分析を行う手法である。

D. 競争力が強い競合企業が存在する業界は、一般的に戦いにくい。こうした状況は、冷たい海に例えてブルーオーシャンと呼ばれる。

選択肢の説明

A. 不適切。新型コロナ等の感染症など自然要因も多くの業界における経営活動に対して多大な影響を与える環境要因であり、考慮しなければならない要因である。

B. 適切。企業（Company）、顧客（Customer）、競合企業（Competitor）の３つの観点から経営戦略の立案・分析を行う手法は、英語表記イニシャルから３Ｃ分析と呼ばれている。

C. 不適切。ＳＷＯＴ分析とは、自社の経営資源や組織文化、ビジネスシステムなどの強み（Strength）と弱み（Weakness）、自社を取り巻く経営環境の変化から生み出される機会（Opportunity）や脅威（Threat）を分析する手法である。分析対象の英語表記イニシャルからＳＷＯＴ分析と呼ばれている。３Ｃ分析とは親和性の高い分析手法であり、経営者や戦略部門は、ＳＷＯＴ分析や３Ｃ分析を行うことにより、事業成功の鍵を導き出すことができる。

D. 不適切。競争力が強い競合企業がひしめいている状況はレッドオーシャンと呼ばれる。これとは反対に競合企業が少ない、あるいは競争力がある企業が少ない業界は、競争する場所として魅力が高く、ブルーオーシャンと呼ばれる。

正解　B

解説　テキスト第3分冊　2頁〜9頁参照

　事業を世代から世代へと承継していくためには、将来的な事業の目標と現状との差異を埋める長期的な設計図としての経営戦略が必要となる。戦略はもともと軍事分野の概念であったが、1960年代より経営学の分野でも取り上げられるようになり、現代経営学では中心的テーマとなっている。

　経営戦略には、①企業戦略、②競争戦略、③機能要素別戦略の3つの類型が存在する。①企業戦略とは、企業単体やグループを対象とした、事業領域の決定、経営資源の調達・配分など将来の成長展望に関わるものであり、全社戦略とも呼ばれる。②競争戦略は、ライバル企業に勝つための戦略であり、事業戦略とも呼ばれる。③機能要素別戦略とは、現場レベルでの職能（企画、生産、販売、出荷物流、財務、人事、総務）ごとの戦略である。

　企業活動は環境から影響を受けるとともに、環境にも影響を与えるものであり、このようなシステムはオープンシステムと呼ばれる。
　企業を取り巻く経営環境にはマクロ環境とミクロ環境がある。マクロ環境とは企業にとって統制不可能なものをいい、主として政治要因、経済要因、社会要因、技術要因があるが、これらの要因を分析する手法を各要因の英語表記イニシャルからPEST分析と呼ぶ。最近はこれらに加え、自然要因（N: Nature）も新たに考慮に入れる必要がある。一方、ミクロ環境とは、業界など企業の周辺の環境をいう。

経営を巡るマクロ環境とミクロ環境

問2　経営を巡るマクロ環境やミクロ環境の説明のうち正しくないものはどれですか。

A．PEST分析ではマクロ環境を分析する。

B．PEST分析のEはEnvironment（環境要因）である。

C．競合企業や新規参入の脅威などの業界構造の分析は、PEST分析には含まれない。

D．ミクロ環境は企業周辺の環境、マクロ環境はミクロ環境の外側にある環境といえる。

選択肢の説明

A．適切。

B．不適切。EはEconomics（経済要因）である。

C．適切。競合企業や新規参入の脅威などの業界構造の分析は、３C分析の対象である（問3参照）。

D．適切（解説の図参照）。

正解　B

解説 テキスト第3分冊 5頁〜6頁参照

　企業を取り巻く経営環境にはマクロ環境とミクロ環境がある。マクロ環境とは企業にとって統制不可能なものをいい、主として政治要因、経済要因、社会要因、技術要因があるが、これらの4つの要因を分析する手法を各要因の英語表記イニシャルからPEST分析と呼ぶ。最近はこれらに加え、自然要因（Nature）も新たに考慮に入れる必要がある（下表参照）。

種類	内容	具体例
政治（Politics）	法改正、規制緩和、政権交代	消費税増税、補助金
経済（Economics）	為替、物価、株価、金利、景気循環	円高、円安、デフレ、インフレ
社会（Social）	人口動態、文化、宗教、世論	少子高齢化
技術（Technology）	技術革新	AI、5G、IoT、脱炭素
自然（Nature）	地震、台風、感染症	新型コロナ

　一方、ミクロ環境とは、業界など企業の周辺の環境をいう。業界の違いによって、企業にとって影響を受ける程度が異なる。ミクロ環境は企業の周辺の環境、マクロ環境はミクロ環境の外側にある環境である。

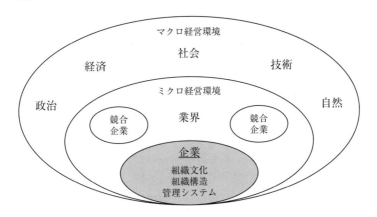

経営戦略の立案・分析手法

問3 経営戦略の立案・分析手法の説明として正しくないものはどれですか。

A. 欧米のコンサルティング会社を中心に、いくつかの経営戦略のツールが提案されているが、これらはもっぱら経営戦略の立案に関するものであり、その経営戦略がうまくいく背景を分析することは対象とされていない。

B. 3C分析とは、企業（Company）、顧客（Customer）、競合企業（Competitor）の3つの観点から分析する手法である。

C. SWOT分析は自社を取り巻く経営環境の変化から生み出される機会や脅威、自社の経営資源や組織文化、ビジネスシステムなどの強みと弱みを分析する方法である。3C分析と親和性の高い手法であり、経営者や戦略部門は、SWOT分析や3C分析を行うことにより、事業成功の鍵を導き出すことができる。

D. 競争戦略論では、いかに魅力的な場所で戦うかを検討するツールがあり、それはファイブ・フォース分析と呼ばれる。

選択肢の説明

A. 不適切。コンサルティング会社から提案されている経営戦略のツールは、経営戦略の立案だけにとどまらず、なぜその経営戦略がうまくいくのかを分析するツールにもなる。

B. 適切。企業の観点とは、外部の経営環境、自社の経営資源、ビジネスシステム、市場シェア等を分析すること、顧客の観点とは、顧客のニーズや購買行動等を分析すること、競合企業の観点とは、競合先の経営戦略や組織体制、経営資源市場シェア等を分析すること、である。

C. 適切。SWOT分析について詳しくは問4参照。

D. 適切。ファイブ・フォース分析では、業界構造を5つの脅威（競争要因）で分析する（詳しくは問5参照）。

正解　A

解説　テキスト第3分冊　7頁～9頁参照

　経営戦略を立案・分析する主たる手法として、3C分析、SWOT分析、ファイブ・フォース分析がある。

　ここでは、3C分析について説明する(SWOT分析は問4、ファイブ・フォース分析は問5を参照)。

　3C分析は、企業(Company)、顧客(Customer)、競合企業(Competitor)の3つの観点から経営戦略を決定する際に分析する手法として用いられる。
　企業(自社)の観点とは、外部の経営環境、自社のヒト・モノ・カネ・情報などの経営資源、ビジネスシステム、市場シェアなどを通じて、自社の強みと弱みを分析することである。
　顧客の観点とは、顧客ニーズ・顧客の購買行動、市場の規模・成長性、人口動態などを分析することである。
　競合企業の観点とは、競合先の経営戦略や組織体制、経営資源、市場シェアなどを通じて、競合の状況、競合している製品やサービスの強み・弱みを分析することである。

経営戦略の立案・分析手法（SWOT分析）

> ### 問4　経営戦略を分析するSWOT分析の説明として正しいものは
> ### どれですか。

A．SWOT分析は、自社の経営資源や組織文化などの内部環境について、機会や脅威を分析する方法である。

B．SWOT分析は、自社を取り巻く外部環境の変化から生み出される強みと弱みを分析する方法である。

C．SWOT分析は、３C分析と親和性の低い分析方法である。

D．SWOT分析は、自社と経営環境の分析によって、事業ドメインを設定するのに用いられる。

選択肢の説明

A．不適切。SWOT分析は、自社の経営資源や組織文化などの内部環境について、その強み（Strength）や弱み（Weakness）を分析する方法である。

B．不適切。SWOT分析は、自社を取り巻く外部環境の変化から生み出される機会（Opportunity）と脅威（Threat）を分析する方法である。

C．不適切。SWOT分析は、３C分析と親和性の高い分析方法である。

D．適切。ドメインとは企業が定めた自社の競争する領域・フィールドをいう。

正解　D

解説 テキスト第3分冊 7頁参照

　経営戦略を立案・分析する際には、まず企業が置かれている環境を分析する必要がある。その際に使われる一般的な分析手法として、自社内部の環境分析（内部環境分析）と社外の環境分析（外部環境分析）とを分けて分析するSWOT分析がある。

　自社内部の経営資源については、強み（Strength）となる要因と、弱み（Weakness）となる要因を識別・分析して、経営戦略策定に活用する。
　具体的には、自社内部の人的資源、物的資源、財務資源、情報資源等について、成長度合、業界平均との比較等によりその強みと弱みを把握することになる。

　企業の直面する外部経営環境については、機会（Opportunity）となる要因と、脅威（Threat）となる要因を識別・分析して、経営戦略策定に活用する。
具体的には、外部の経済環境、人口動態環境、政治・法律的環境、業界内の動向、消費者の動向などが自社にどのような機会と脅威を与えることになるかを把握することになる。

　SWOT分析を用いて経営戦略策定を行う際には、以下の3つの方向性を検討する。

	強み	弱み
機会	強みを活かし、機会をつかむ	機会を逸しないように弱みを克服する
脅威	脅威からの影響を最小限にとどめる	―

経営戦略の立案・分析手法（ファイブ・フォース分析）

> ### 問5　業界構造を分析するファイブ・フォース分析の説明として正しくないものはどれですか。

A. ファイブ・フォース分析では、業界構造を5つの脅威（競争要因）で分析する。

B. 売り手の数が多い場合には、売り手側の交渉力が強くなり、買い手側の業界企業にとっては脅威となる。

C. 既存の商品・サービスよりも性能が優れた代替品が登場した場合、代替品に置き換わる可能性が高くなる。

D. 新規参入が多くなれば、競合企業の数が増え、既存企業にとっては脅威となる。

選択肢の説明

A. 適切。解説参照。

B. 不適切。売り手の数が少ない場合には、売り手側の交渉力が強くなり、買い手側の業界企業にとっては脅威となる。

C. 適切。代替品とは、その業界の商品・サービスが持つ機能を置き換えてしまうような商品・サービスのことをいう。例えば、米国でT型フォード（自動車やその大量生産技術）の登場によって、馬車の機能を奪った事例があげられる。

D. 適切。業界への参入のしにくさのことを参入障壁という。

正解　B

解説　テキスト第3分冊　7頁〜9頁参照

ファイブ・フォース分析は、いかに魅力的な場所で戦うかを検討するツールであり、このモデルでは業界構造を5つの脅威（競争要因）で分析する。

第1は、競合企業の脅威であり、業界における競合企業の数や質を示す。競合企業の数が多い、もしくは競争力が強い競合企業が存在する業界は一般的に戦いにくい。一方、競合企業が少ない、もしくは競争力がある企業が少ない業界は、競争する場所としての魅力が高い。特に、業界内で競合先がひしめいている状況はレッドオーシャンと呼ばれ、その反対の状況はブルーオーシャンと呼ばれる。

第2は、売り手（仕入先）の交渉力であり、その業界の企業に対して原材料を供給する取引先の交渉力の強弱である。供給業者が少ない場合には、その業者の取引交渉力が強くなる一方、多い場合には逆に交渉力は弱くなる。

第3は、買い手（顧客）の交渉力であり、その業界の企業の顧客が有する交渉力の強弱である。供給サイドよりも相対的に顧客が少ない場合には、その顧客サイドの取引交渉力が強くなる一方、多い場合には逆に顧客の交渉力は弱くなる。

第4は、新規参入の脅威であり、業界の外部に位置する企業が、その業界へ参入しやすいかどうかの程度を示す。新規参入が多くなれば、競合企業の数が増え、競争が激化する。この業界への参入のしにくさのことを参入障壁という。

第5は、代替品の脅威である。代替品とは、その業界の商品・サービスが持つ機能を置き換えてしまうような商品・サービスのことをいい、その脅威とは、既存の商品・サービスが代替品と置き換わってしまいやすいかどうかを示すものである。

経営資源の種類

問6　経営資源の種類に関する説明として正しいものはどれですか。

A．技術者や販売員、企画スタッフ等の従業員を人的経営資源といい、広義には派遣社員やパート等を含む場合がある。優秀な技術者や企画スタッフさえ確保できれば、企業は十分な経営成果を上げることができる。

B．物的経営資源とは、企業が保有する設備のことを指す。

C．技術、ブランド、知的資産や顧客情報などのことを情報的資源というが、見えざる資産と呼ばれることもある。

D．資金的経営資源とは、企業が保有する自己資金のことを指し、投資の源泉となるものである。

選択肢の説明

A．不適切。人的経営資源は、個々が価値観や感情を持つ資源であり、マネジメントが難しい。単に優秀な技術者や企画スタッフを抱えているだけでは、企業は十分な経営成果を上げることができない。

B．不適切。物的経営資源とは、企業が保有する設備および原材料のことを指す。

C．適切。

D．不適切。資金的経営資源とは、投資の源泉となる企業の保有する資金のことを指すが、自己資金の場合もあれば、融資や出資といった他人から調達した資金の場合もある。

正解　C

解説　テキスト第3分冊　9頁～10頁参照

　経営資源の種類には、①人的経営資源、②物的経営資源、③資金的経営資源、④情報的経営資源などがある。

① 人的経営資源…従業員だけでなく、広義の意味では派遣社員なども含まれる場合がある。マネジメントが難しく、いかにモチベーションを高めて仕事をさせることができるかが重要なポイントとなる。

② 物的経営資源…企業が保有する設備（生産手段）および原材料のことを指す。設備には、工場や店舗、機械設備などがあり、原材料には、最終製品を構成する部品や原料などがある。単に保有するだけでは競合企業に対抗することができず、無駄やロスを排除することができるか否かといった点も、競争優位につながる重要な要素である。

③ 資金的経営資源…投資の源泉となる資金であり、自己資金の場合もあれば融資や出資の場合もある。資金的経営資源は、企業を支える様々な取引の対価となるものであり、事業資産や企業の信用力の裏付けとなる。調達や運用のマネジメントが差別化のポイントとなる。

④ 情報的経営資源…技術、ブランド、知的資産や顧客情報などを指し、見えざる資産と呼ばれることもある。単に保有するだけではなく、上手にマネジメントをすることができなければ、企業は競争上の優位性を発揮できない。特許など知的財産の模倣や顧客情報の漏洩などが起きないよう、マネジメントに十分注意する必要がある。

経営資源の特徴

問7　経営資源の特徴に関する説明として正しくないものはどれですか。

A．弁護士や会計士などの専門人材、工場や店舗などの物的資源は「市場から調達可能」な資源である。

B．熟練技術者、金融機関からの信用、ブランドなどは「市場から調達困難」な資源であり、極めて企業粘着性が強い資源である。

C．日本の老舗企業は、伝統を持つファミリービジネスが多い。ここでいう伝統とは、歴史、文化などを指すが、経営資源と呼べるようなものではない。

D．老舗企業が有する歴史や文化、ブランドなどの伝統、長期的なステークホルダーとの関係などは見えざる資産と呼ばれる。ファミリービジネス研究では、これらをファミリー性もしくはファミリネスと呼ぶ。

選択肢の説明

A．適切。

B．適切。

C．不適切。日本の老舗企業の伝統は、短期間で形成できるものではなく、事業が承継される中で、世代を超えて構築される経営資源である。

D．適切。

正解　C

解説　テキスト第3分冊　10頁〜12頁参照

　経営資源は、「市場から調達可能」な資源と「市場から調達困難」な資源とに分けることができる。

　「市場から調達可能」な資源とは、弁護士や会計士などの専門人材、工場や店舗などの物的資源、エクイティファイナンスや銀行融資などの資金調達、技術のライセンス契約などである。

　「市場から調達困難」な資源とは、熟練技術者、金融機関からの信用、ブランド、企業文化などである。これらの資源は、企業特殊性資源と呼ばれ、外部調達や外部移転が難しく、極めて企業粘着性が強い資源であり、模倣が難しいという性質を持っている。

　日本の老舗企業は、伝統を有するファミリービジネスが多い。ここでいう伝統とは、歴史、文化、商品サービス、製法、ブランドなどを指しており、事業が世代を超えて承継される中で、構築される経営資源である。これらは見えざる資産と呼ばれ、競合企業にとっては調達することが不可能であり模倣が難しい。ファミリービジネスにとっては競争優位の源泉となる重要な経営資源であり、スタートアップ企業が保有することのできない資源である。ファミリービジネス研究では、これらの経営資源のことをファミリー性もしくはファミリネスと呼ぶ。このファミリネスは、伝統的な老舗企業がイノベーションにチャレンジするような場合には、ファミリービジネスの価値創造の源泉としての機能を果たすことがある。

事業承継─現経営者の役割と課題

問8 事業承継における現経営者のタイプに関する説明として正しくないものはどれですか。

A. 事業承継における現経営者のタイプには、「創業経営者タイプ」と「二代目以降の経営者タイプ」があり、それぞれ事業承継の場面で異なる行動をとる傾向がある。

B. 「創業経営者タイプ」は、ゼロから事業を立ち上げたバイタリティのある人物が多い一方、自社の発展に自分の夢を投影してしまう傾向が強く、事業承継が遅れる可能性もある。

C. 「二代目以降の経営者タイプ」は、外部の知見に耳を傾け、事業を客観視しやすい傾向もあるといわれている。

D. 「二代目以降の経営者タイプ」は、先代世代の資源に依存することなく、事業に対する当事者意識が高い点が特徴といわれている。

選択肢の説明

A. 適切。

B. 適切。「創業経営者タイプ」とは、経営のバトンの渡し手が創業者の場合などに該当する。

C. 適切。「二代目以降の経営者タイプ」とは、事業承継者の場合などに該当する。

D. 不適切。「二代目以降の経営者タイプ」の欠点として、先代世代によって築き上げられた経営資源（信用、技術、関係資産など）に依存しやすく、またファミリービジネスの場合には、当初、事業承継者としての当事者意識が薄いケースがあると指摘されている。

正解　D

解説　テキスト第3分冊　12頁～14頁参照

「創業経営者タイプ」のメリット・デメリットは次のとおりである。

メリット	デメリット
リスクを厭わず果敢に新しい挑戦をするバイタリティがある。	実績を上げてきたが故に、自分の経験に依存しやすい。
カリスマ的な存在として語り継がれる。	事業を自分の人生と同一視する傾向が強く、事業承継が遅れる可能性もある。
事業の当事者意識が高い。	

「二代目以降の経営者タイプ」のメリット・デメリットは次のとおりである。

メリット	デメリット
先代世代の資源を活用できる。	先代世代の資源に依存しやすい。
事業を客観視しやすい。	事業に対する当事者意識が薄い場合がある。
専門知識や外部の専門家の意見を参考にする。	

後継者の育成と事業承継プロセス

問9　事業の承継プロセスに関する説明として正しいものはどれですか。

A．現社長が実力経営者の場合であっても、事業承継後は後継者に段階的に権限委譲する必要がある。

B．事業の承継プロセスにおいては、後継者には将来自分の部下となる従業員との関係構築を優先的に行わせるようにするべきである。

C．将来経営者になる予定の後継者であれば、現経営者は親子関係を組織に持ち込んでも問題はない。

D．ファミリービジネスでは、親子関係の中で現経営者が後継者に将来の経営者としての心構えを教えることが容易であるため、現経営者（親）と後継者（子）の間に入りサポートを行う番頭が必要になることはないといわれている。

選択肢の説明

A．適切。後継者への権限委譲が遅れると、後継者の成長機会を奪うことにもなりかねない。

B．不適切。事業の承継プロセスにおいては、後継者に対し、従業員との関係構築に加え、外部の利害関係者（仕入先、顧客、金融機関など）との関係構築にも努めさせる必要がある。

C．不適切。将来経営者になる予定の後継者であっても、親子関係と仕事上の上司部下の関係を峻別してマネジメントをしなければならない。

D．不適切。親子関係の中で、現経営者が後継者に将来の経営者としての心構えを教えることは難しく、番頭がその間に入ることで、後継者を規律づけし組織の秩序を守る役割を担うことも多い。

正解　A

解説　テキスト第３分冊　14頁〜26頁参照

　事業承継は、次期経営者候補の選定をはじめとして、課題が多岐にわたり時間的な変化を伴うプロセスである。

　事業承継は、現経営者と後継者との間で完結するものではなく、現経営者の社会関係資本（多様な利害関係者との関係）も後継者に円滑に移転されなければならない。関係構築が重要な利害関係者としては、従業員、仕入先や顧客、金融機関、株主、地域社会などがある。

　ファミリービジネスの事業承継が難しいのは、現経営者と後継者との関係に「親子関係」と「上司・部下の関係」が並列して内在するという、世代間関係の二重性があるからである。世代間関係の二重性には、後継者が現経営者と率直な意見交換ができるという「積極効果」がある一方、仕事の世界に親子関係が持ち込まれることにより組織の秩序が保ちにくくなる「消極効果」もあるといわれている。

　またファミリービジネスの後継者は、先代の経営幹部から協力を得ることが重要だが、両者の関係は希薄なことが多く、先代経営幹部は後継者よりも経験が豊かであるため、その関係に苦慮することが多い。後継者は先代経営幹部と良好な関係を構築する必要があるが、親密になり過ぎると独創的な行動がとりづらくなる場合があることや、生得的地位（将来経営者となる地位）を有する後継者の突出的な行動が受け入れられにくい場合があることなどには留意が必要である。

ファミリービジネスの後継者の育成プロセス

> **問10　事業の承継プロセスに関する説明として正しいものはどれですか。**

A. 事業承継には「情の入口」「理の出口」という考え方がある。「情の入口」とは、後継者の選抜にあたり心の準備などに配慮すべきとし、「理の出口」とは、経営者の引退は合理的根拠に基づき厳格に行うべき、との考え方をいう。

B. 事業承継の難しい点は現経営者から後継者への権限委譲であるが、ファミリービジネスは後継者が決まっているため、現経営者から後継者への事業承継において併走期間は必要ない。

C. ファミリービジネスの後継者は、生まれながらにして経営者になることが決まっている人も多く、この地位のことを「生得的地位」という。

D. ファミリービジネスの後継者が他社経験を積んでから家業に入社することは、入社時期が遅くなるだけで、メリットはない。

選択肢の説明

A. 不適切。事業承継にあたっては、「理の入口」「情の出口」に配慮すべきとされている。「理の入口」とは、後継者の選抜は合理的根拠に基づき厳格に行うべき、ということであり、「情の出口」とは、経営者の引退にあたっては、①在任中の功績や、②引退後の処遇に配慮すべき、ということを表している。

B. 不適切。ファミリービジネスでは後継者が決まっていることが多く、現経営者と後継者が長期的な併走期間を確保できることが強みといわれている。

C. 適切。生得的地位とは、徳川将軍家や歌舞伎の市川家などのように生まれながらに保有している地位のことである。

D. 不適切。他社経験は、家業では獲得することが難しい経験や価値観を得ることができるほか、外部の立場から、自社を客観的に評価する目が養成されるというメリットがある。またその会社との繋がりができ、需要サイド、あるいは供給サイドの視点から家業をみることができるといった間接効果も期待できる。

正解　C

解説　テキスト第3分冊　14頁～18頁参照

　<u>生得的地位</u>（将来経営者となる地位）を有する後継者の状況は下記のとおり、制約と自律という二律背反的な環境に置かれている。これを「<u>制約と自律のジレンマ</u>」と呼ぶが、事業承継における後継者育成プロセスに関し、重要な視点を提供してくれる。

自律的意味	制約的意味
将来の経営者として地位が約束されている。	先代の経営幹部や従業員から特別な視線を受ける（無条件には受入れられない）。
自分の上司や同僚に迎合や配慮をする必要がない。	キャリア選択の機会が限定されている。

　上記の制約と自律のジレンマは後継者にとって決して心地の良いものではない。この状態を解消しようとすれば、それは能動的な行動を喚起させる。このようにして、後継者が名実ともに次期経営者となるためには、生得的地位に加え、自分の実績を周囲に認めさせて得る「<u>獲得的地位</u>」を築いていく必要がある。

　後継者にとって家業に入社した直後の仕事は重要な意味を持つことが多い。家業の全容を理解できる仕事をすること、家業の従業員との関係を構築すること、家業の文化を理解することが求められる。

事業承継における利害関係者との関係構築

問11　事業承継における利害関係者との関係構築において正しくないものはどれですか。

A. ファミリービジネスの後継者は、生得的地位を有するがゆえに、従業員から特別な視線を向けられ、仕事がやりづらくなることがある。

B. 先代経営者の時代の仕入先や顧客との取引条件を円滑に引き継ぐためには、現経営者が徐々に権限を委譲し後継者に具体的な商談を進めさせ、現経営者が後見する方法が有効である。

C. 金融機関との取引上の特徴としては、後継者に企業負債に対する個人保証の引き継ぎを求められることがあげられる。

D. ファミリービジネスは同族間の緊密な関係の中で成り立っており、総じて地域社会との関係は希薄である。

選択肢の説明

A. 適切。特別な視線は、後継者と従業員との間に仕事上の距離感を生み出すことがある。

B. 適切。先代経営者と後継者が、経営の併走期間を確保することは重要である。

C. 適切。個人保証の引き継ぎは、後継者によっては大きな負担となることもある。

D. 不適切。ファミリービジネスは、従業員や原材料の調達、地域金融機関からの借入など地域社会から様々な経営資源を調達しており、地域社会と密接な関係を有していることが多い。

正解　D

解説　テキスト第3分冊　18頁〜24頁参照

　事業承継においてそれぞれの利害関係者との関係を構築する上での留意点は以下のとおり。

・従業員…経営者は大勢の従業員を巻き込み、自身の描いた目的を成就させなければならず、先代世代の古参社員を含め従業員から協力を得る必要がある。ファミリービジネスの後継者は、生得的地位を有するがゆえに、従業員から特別な視線を向けられるため、仕事がやりづらくなることがある一方、それが後継者に仕事上の緊張感を持たせるという面もある。

・仕入先・顧客…仕入先や顧客との取引関係の承継は、企業の収益に影響を及ぼすため、特に重要である。承継上の留意点として、取引条件（品質、数量、納期）、取引窓口の変更（経営者、発注部署等）、自社への取引依存度、取引上の優遇条件の変化、取引頻度や数量等があげられる。円滑な承継のためには、先代経営者が引退前に、後継者との経営の併走期間を確保することが重要となる。

・金融機関…経営者のカウンターパートは銀行支店長であり定期的に人事異動があるため、関係構築に注意が必要である。中小企業の事業承継では後継者に企業負債に対する個人保証の引き継ぎを求められることがある。後者については、円滑な事業承継を妨げる要因になっているという指摘があり、全国銀行協会と日本商工会議所が「経営者保証に関するガイドライン」を策定している。

・株主…資産承継に伴い、株式の分散や集中をどのようにマネジメントするかは、重要な論点である。

・地域社会…ファミリービジネスと地域社会との密接な相互関係は、その差別化の源泉となるような恩恵を享受することにも繋がる。また後継者にとっても、地域社会の中で次期経営者として認められることは重要なことである。

事業承継における資産承継・株式の分散と集中

問12　事業承継における資産承継に関する記述で正しくないものはどれですか。

A．事業承継においては、経営の承継だけでなく、資産の承継を同時に実施することもある。

B．事業承継における資産承継で重要なことは、株式の分散や集中をどのようにマネジメントするかである。

C．株式の分散のメリットの一つは、多くの株主から出資を受けることができる点である。

D．株式の集中のメリットの一つは、経営者の株式の所有割合が高くなることで、経営上の暴走を防ぎやすくなることである。

選択肢の説明

A．適切。

B．適切。株式の分散と集中には、それぞれメリットとデメリットがあり、それらを如何にマネジメントするかが重要なポイントとなる。

C．適切。多くの株主から出資を受けることで、資本の増強・拡大につながる。

D．不適切。経営者の所有割合が高くなる結果、経営上の暴走を<u>防ぐことが難しく</u>なる。

正解　D

解説 テキスト第3分冊 22頁参照

　事業承継における資産承継で重要なことは、株式の分散や集中をどのようにマネジメントするかである。株式の分散と集中には、それぞれメリットとデメリットがあり、それらを如何に調整し、マネージするかが重要なポイントとなる。以下、それぞれのメリットとデメリットを記載する。

【株式の分散】
＜メリット＞
① 多くの株主から出資を受けることができる（資本の増強・拡大）
② 多様な株主による経営の規律付けができる（ガバナンスの向上）

＜デメリット＞
① 資本の分散が生じることになり、将来的に利害対立を招く可能性がある。
② 株式の所有関係の把握が困難となり、悪意の第三者に取得されてしまう可能性がある。

【株式の集中】
＜メリット＞
① 短期的な利益を求める功利的な株主の関与を制限することができるため、経営者は長期的な視点に立って経営に取り組みやすい。
② 資本の分散による将来的な利害対立を防ぐことができる。

＜デメリット＞
① 外部から経営への牽制が利きにくくなり、密室的経営や不適正な経営につながりやすい。
② 経営者の株式所有割合が高くなる結果、経営上の暴走を防ぐことが難しくなる。

事業承継における次期経営者としての正統性の獲得

問13　事業承継における次期経営者としての正統性の獲得について正しくないものはどれですか。

A. 後継者は、組織内部において従業員に実績を示し認められると同時に、外部の利害関係者に対しても交渉力を高めていかなければならない。

B. 後継者は、家業に入社当初、生得的地位と獲得的地位のギャップに悩むことが少なくないが、承継プロセスは、この2つの地位のギャップを埋めさせる（獲得的地位を構築させる）プロセスともいえる。

C. 獲得的地位を高め、名実ともに次期経営者として内外から承認される状態を正統性の獲得と呼ぶ。

D. 正統性の獲得は、自分の実績や能力を地道に蓄積しさえすれば達成することができる。

選択肢の説明

A. 適切。これは、生得的地位の消極的側面を補完する獲得的地位を後継者に構築させていかねばならないことを示している。

B. 適切。

C. 適切。正当性の獲得には、自分の実績や能力を蓄積することだけではなく、組織や地域社会などでの集団文化や思考行動様式を受け入れる必要もある。

D. 不適切。正統性を獲得するためには、自分の実績や能力を蓄積することにとどまらず、組織の内部や外部の利害関係者からの持続的な支持を得ることを目的に、組織や地域社会などにおける集団文化や思考行動様式を受け入れる必要もある。

正解　D

解説　テキスト第3分冊　23頁〜24頁参照

　後継者は、組織の内部において従業員に実績を示し、認められなければならない。同時に、外部の利害関係者に対しても交渉力を高めなければならない。

　次期経営者としての正統性を獲得するためには、<u>生得的地位</u>のデメリットを<u>獲得的地位</u>が補完して、名実ともに次期経営者として内外から承認される状態を作り上げる必要がある。

　生得的地位のメリットとデメリットの事例をあげると、以下のとおりである。

＜メリット＞
① 　将来の経営者として地位が約束されている。
② 　自分の上司や同僚に迎合する必要がない。

＜デメリット＞
① 　先代の経営幹部や従業員（顧客や仕入先なども含む）から無条件には受け入れられない。
② 　後継者のリーダーシップが存分に発揮できない。

事業承継における世代間の関係性

問14　事業承継における世代間の関係性について正しいものはどれですか。

A．ファミリービジネスの事業承継が難しい原因は、現経営者と後継者との関係に「親子関係」と「年齢の差」という別個の要素が並列して存在することにある。これは「世代間関係の二重性」と呼ばれる。

B．ファミリービジネスの後継者はその地位を約束されて就任した経営者であり、先代の経営幹部との関係に苦慮するケースは殆どない。

C．老舗企業の事業承継では、番頭が後継者育成を担うことがある。

D．ファミリービジネスの後継者にとって、先代世代の経営実績は弱みとなるため、こうした前経営のしがらみを否定することから経営に着手することが多く、この点ではスタートアップ企業と似ている。

選択肢の説明

A．不適切。世代間関係の二重性とは「親子関係」と「上司・部下の関係」が並列して内在することをいう。

B．不適切。ファミリービジネスの後継者は先代経営幹部との関係構築に苦慮することが多い。それは両者の関係が希薄で双方とも現経営者と同じようには率直な意見交換がしにくいほか、先代経営幹部は後継者よりもはるかに経験が豊かであることによるものである。

C．適切。親子関係の中で、現経営者が後継者に将来の経営者としての心構えを教えることが難しいため、番頭の役割が重要となる。

D．不適切。ファミリービジネスの後継者にとって、先代世代の仕事上の経験や教訓は、不確実性の高い経営環境を生き抜く指針となり、スタートアップ企業にないファミリービジネスの強みでもある。

正解　C

解説　テキスト第3分冊　24頁～26頁参照

　ファミリービジネスの事業承継が難しいのは、現経営者と後継者との関係に「親子関係」と「上司・部下の関係」が併存するからであり、「世代間関係の二重性」とも呼ばれている。これは、後継者が現経営者と率直に意見交換ができるため、イノベーションの種になるとの積極効果がある反面、仕事に親子関係が持ち込まれた場合には、組織の秩序が保ちにくくなるとの消極効果が顕現化するおそれがある。

　後継者が先代経営幹部との関係に苦慮するとしても、同幹部と良好な関係を構築できれば、その豊かな経験と教訓を活用することができる。他方、後継者が生得的地位を有する場合、必ずしも先代経営幹部に遠慮する必要がなく、非連続的な変化を組織にもたらしやすいという側面もある。

　後継者が先代世代の経験を活用できることは、スタートアップ企業にない強みである一方、先代世代の経営を参照し過ぎると、後継者の主体的行動の範囲を限定してしまうという懸念もある。

イノベーション

問15 イノベーションについて正しいものはどれですか。

A．イノベーションとは、新商品開発や新技術開発のことであり、海外展開などの新しい市場の開拓は含まれない。

B．スタートアップ企業と老舗企業では、経営者に求められる能力が異なる。

C．ビジネスシステムの差別化は、商品サービスの差別化よりも模倣されやすく、後継者世代による競争優位の源泉になりにくい。

D．長い間存続している老舗企業では、後継者は歴代経営者の経営を模倣してさえいれば、永続的に事業存続ができる。

選択肢の説明

A．不適切。イノベーションとは、新商品開発や新技術開発に加え、市場開拓（海外市場展開など）、新供給先開拓、新組織構築などが含まれる。

B．適切。スタートアップ企業には引き継ぐ経営資源がない一方、老舗企業には既存の経営資源が存在することも、経営者に異なる能力を求める大きな要因である。

C．不適切。ビジネスシステムの差別化は、商品・サービスの差別化よりも模倣が困難であり、一旦優れた仕組みを構築できれば、長期的に後継者の競争優位性の源泉になる可能性がある。

D．不適切。経営環境は刻々変化しており、後継者には経営環境に応じた経営が求められる。

正解　B

解説 テキスト第3分冊　27頁〜31頁参照

　事業の長期的な存続には、伝統の継承だけではなく、経営環境の変化に適応したイノベーションが必要である。経済学者のシュンペーターは「イノベーションとは、異質なものの衝突もしくは組み合わせから生み出される新結合である」と定義している。

　イノベーションは異質な価値観を取り込む組織において生成されやすい。もっとも、同質的な価値観を有する長期存続企業であっても、生得的地位のある後継者であれば、組織に異質な意見を表明しても、現経営者との衝突が許容されることがある。このように事業承継者によるイノベーションがいかに実現されたかという点は、考えてみる価値がある。

　イノベーションの対象には、新商品開発、新市場開拓、新技術開発、新組織の構築等がある。また、徐々に変化するインクリメンタル・イノベーションや急進的に変化するラディカル・イノベーションがある。イノベーションの対象や程度は、経営資源などの企業の内部環境や政治・経済・技術・業界等の外部環境に大きく影響される。

　イノベーションは、自らの意思決定による行動、自律的な仕事環境によって生み出される。自律的な行動や仕事は責任を伴うため、後継者の事業に対する当事者意識（覚悟）を涵養することができる。

ベンチャー企業家とファミリー企業家

> **問16　ベンチャー企業家とファミリー企業家の記述に関し正しいものはどれですか。**

A．ベンチャー企業家とファミリー企業家は経営資源の調達形態において類似点が多い。

B．事業の活動領域のことを「事業ドメイン」と呼ぶ。ファミリー起業家には、既存の事業ドメインを再定義することが期待されている。

C．後継者の新規事業と先代経営者の既存事業との関連性が高ければ高いほど、事業のリスク分散を図ることができる。

D．既存の経営資源や事業ドメインにとらわれることなく、経営戦略を練ることができる点は、ファミリー企業家の強みである。

選択肢の説明

A．不適切。ベンチャー企業家とファミリー企業家の大きな違いは、引き継ぐべき経営資源の存否にある。

B．適切。ファミリー企業家は、経営環境の変化に伴い、既存の事業ドメインにどのような広がりをもたせるのか、何と関連づけるのかといった点を検討しなければならない。

C．不適切。後継者の新規事業と先代経営者の既存事業との関連性が高い場合、既存事業とのシナジー効果が見込まれる一方、事業のリスク分散は困難となる可能性がある。

D．不適切。ファミリー企業家は、既存の経営資源や事業ドメインの制約がある中で、経営環境の変化を見定めつつ、自社が取るべき経営戦略を考える必要がある。

正解　B

解説 テキスト第3分冊 28頁〜30頁参照

ゼロから1を創り出す創業者は、ベンチャー起業家といわれる。これに対し老舗企業の後継者のように既存事業を引き継いで企業展開を行う企業家は、ファミリー企業家と呼ばれる。

ベンチャー企業家とファミリー企業家は、経営資源の調達形態に関し下表のとおり違いがある。

	ベンチャー企業家	ファミリー企業家（後継者）
資源調達形態	独自に調達	先代経営者に依存
利　　点	資源動員について他人に配慮せず思い切った行動がとれる	利用可能な資源がある
欠　　点	必要資源が調達できない可能性	独自の行動が取りにくい

事業の活動領域のことを「事業ドメイン」という。ベンチャー企業家は自由に事業ドメインを描くことができる一方、ファミリー企業家は先代世代の事業ドメインが存在するため、それにどのように広がりをもたせるか、何と関連づけるか、既存の事業ドメインを再定義することが求められる。再定義にあたっては、後継者の新規事業と先代経営者の既存事業との関連性（シナジー効果やリスク分散）に留意する必要があるほか、後継者の事業ドメインの範囲が適切であるか十分検討しなければならない。

ファミリー企業家が事業ドメインを再定義し、どのような方向に資源展開を図っていくかを考えるに当たっては、市場浸透、新市場開拓、新製品開発、多角化といった観点から、主要な課題を検討し自社が取るべき戦略の方向性を検討する必要がある。

ファミリー企業家の経営戦略の方向性

> **問17　製品・市場マトリックスから見たファミリー企業家の課題の うち正しいものはどれですか。**

A．市場浸透戦略では、新しい業界への展開に伴う新たな経営資源の調達が課題となる。

B．新市場開拓戦略では、国内外における新規顧客の開拓が課題となる。

C．新製品開発戦略では、物流網の構築、流通経路の変革が課題となる。

D．多角化戦略では、宣伝広告により既存の市場シェアを拡大することが課題となる。

> **選択肢の説明**

A．不適切。新しい業界への展開に伴う新たな経営資源の調達は、多角化戦略において課題となる。

B．適切。海外での法律、宗教、文化の違いの克服も課題である。

C．不適切。物流網の構築、流通経路の変革は、市場浸透戦略において課題となる。

D．不適切。宣伝広告による市場シェアの拡大は、市場浸透戦略において課題となる。

正解　B

解説　テキスト第3分冊　29頁～30頁参照

　イゴール・アンゾフ（1918—2002）は、経営戦略の展開について、「製品」と「市場（顧客）」という2つの要素を軸に、下表のとおり4つの戦略に分類した。

		市場（顧客）	
		既存	新規
製品	既存	市場浸透戦略	新市場開拓戦略
	新規	新製品開発戦略	多角化戦略

　上記戦略ごとのファミリー企業家の主な課題は、以下のとおりである。

1．市場浸透戦略
　① 宣伝広告による市場シェアの拡大
　② 物流網の構築、流通経路の変革

2．新市場開拓戦略
　① 国内外における新規顧客の開拓
　② 海外市場の場合、現地の法律、宗教、文化の違いの克服

3．新製品開発戦略
　① 新技術の開発
　② 製品化のための研究開発

4．多角化戦略
　① 新しい業界への展開に伴う新たな経営資源の調達
　② 既存事業とのシナジーやリスク分散の検討

ファミリー企業家の先代世代との差別化

問18　ファミリー企業家の先代世代との差別化に関する記述のうち正しくないものはどれですか。

A. 後継者による先代世代との差別化には、①市場の差別化、②製品・サービスの差別化、③ビジネスシステムの差別化がある。

B. 製品・サービスの差別化の事例として、後継者が、国内の少子高齢化の進展を踏まえ、海外市場への展開に挑戦するようなケースがあげられる。

C. ビジネスシステムの差別化の事例として、老舗レストランの後継者が、新たにデリバリーを始めるケースがあげられる。

D. ビジネスシステムの差別化を展望する場合、模倣が困難で優れた仕組みを構築できれば、長期的な競争優位性の確保につながる。

選択肢の説明

A. 適切。後継者は、経営環境に応じた経営が求められる。これは、先代世代との差別化をしていかねばならないことを示す。

B. 不適切。後継者が海外市場への展開に挑戦するようなケースは、市場の差別化である。

C. 適切。

D. 適切。これに対し、製品・サービスの差別化は、外部から分かりやすく模倣もされやすい。

正解　B

解説　テキスト第３分冊　30頁～31頁参照

　老舗企業は、歴代の経営者が経営環境に適応した経営を実践してきたからこそ長期的に存続できた。しかし、経営環境は刻々変化するため、後継者が歴代経営者の模倣をしていても、永続的に事業を存続できる訳ではない。後継者には経営環境に応じた経営が求められ、後継者は先代世代との差別化を図る必要がある。後継者による差別化としては、①市場の差別化、②製品・サービスの差別化、③ビジネスシステムの差別化、などがあげられる。

① 　市場の差別化

　先代世代との市場（顧客）の差別化の事例としては、後継者が国内の少子高齢化の進展を踏まえ海外市場への展開に挑戦するようなケースがあげられる。

② 　製品・サービスの差別化

　先代世代との製品・サービスにおける差別化とは、品質、機能、デザインなどの分野において、後継者のオリジナリティを織り込んでいくことである。例えば、後継者が別ブランドを立ち上げて、従来になかった高品質な和菓子を製造販売するようなケースがあげられる。

③ 　ビジネスシステムの差別化

　ビジネスシステムとは、商品やサービスが顧客の手元に届けられるまでのプロセス、もしくはそのプロセスにおける企業間の取引関係などを含む経営行動のことである。ビジネスモデルは、模倣が困難で、一旦優れた仕組みを構築できれば、長期的な競争優位性を確保しやすい。例えば、老舗レストランの後継者が新たにデリバリーを行うようになったケースがあげられる。従来の味（製品・サービス）を変更せずに、味を届ける仕組みを変革した事例である。

次世代経営組織構築にあたっての後継者育成上の配慮

> **問19　次世代経営組織構築にあたっての後継者育成上の配慮として正しいものはどれですか。**

A．後継者の育成にあたっては、経験豊富なベテラン社員しかいない環境下で長期的に育成する形が望ましい。

B．老舗企業で多く行われている典型的な後継者の配置としては、様々なメリットを勘案した結果、中心的部門から周辺部門へ配置していくという典型的なパターンがある。

C．後継者に新しい挑戦をさせることは重要だが、スタートスモールやキルスモールの戦略を実践することも重要だ。

D．事業承継では、後継者のイノベーション行動が期待される中で、後継者を対象としたガバナンスの仕組みを構築する必要性は乏しい。

選択肢の説明

A．不適切。承継プロセスにおいては、後継者に新規事業や子会社などで、自律性が発揮できる仕事や経験を積ませることも必要である。

B．不適切。老舗企業における後継者の典型的な配置パターンの一つに、周辺部門からはじめ、中心的部門へと配置していくやり方がある。これは、①周辺部門の方が経営の試行錯誤ができること、②後継者が周辺部門で経験を積むことによって、将来イノベーションの種を組織に持ち込んでくれる可能性が高まること、③新規事業で後継者が実績を積み社内交渉力が高められること、等を考慮したものである。

C．適切。後継者にマネジメントを経験させる上で留意すべきことは、小さくプロジェクトを始めさせる「スタートスモール」の戦略と、損失が小さいうちに撤退する「キルスモール」の戦略であるといわれている。

D．不適切。事業承継にあたっては、後継者によって不適正な経営がなされないようガバナンスの仕組みを構築しておくことが重要である。事業承継におけるガバナンスとしては、先代世代の経営幹部である番頭が介在し後継者の暴走を防ぐ「内部のガバナンス」や、地域の経済団体等の会員からの目が、後継者に仕事上の緊張感を与え、不適正な経営を行いにくくさせる

「外部のガバナンス」など、いくつかの種類が存在する。

正解　C

解説　テキスト第3分冊　32頁〜38頁参照

　後継者の配置においては、将来の経営者を展望し、どのような仕事をどのような順番で経験させていくかを検討することが重要である。

　イノベーションは、新規事業、海外現地法人、子会社、プロジェクトチームなど、組織の辺境で生み出されやすいことから、ファミリービジネスの後継者を非基幹事業に配置して自律的な環境で実績を積ませることが有効といわれている。承継プロセスでは、後継者に全プロジェクトを任せる場合もあれば、一部を経験豊かな先代世代がサポートする場合もある。

　やがて後継者が中心的部門に配置され、その仕事を新規事業の延長線で行おうとすると、組織の慣習や仕入先・顧客等の長期的取引がある社外の主体との関係などから、失敗する可能性がある。このような場合は、後継者をサポートするベテラン社員を配置し、後継者が組織や取引先に関する慣習を学ぶ機会を与えることが有効である。

後継者を支える次世代経営組織の構築

> ### 問20　後継者を支える次世代経営組織の構築に関する記述で正しくないものはどれですか。

A．次世代経営組織を構築する上で重要なことは、後継者をサポートする経営幹部を育成することである。

B．後継者の右腕となる経営幹部には、後継者の弱点を補完し、リーダーシップシェアリングが担える能力が求められる。

C．後継者の右腕の育成にあたっては、先代経営幹部が次世代の右腕候補（経営幹部）を育成する方法や、後継者と共に右腕候補にも組織のマネジメントを経験させて育成する方法などがある。

D．後継者のマネジメント能力向上にあたり、小さな組織のマネジメントを経験させることは役に立たないといわれている。

選択肢の説明

A．適切。次世代の番頭を育成することとも言い換えられる。

B．適切。例えば、技術者を経営管理面や営業面からサポートするといったことである。

C．適切。

D．不適切。後継者のマネジメント能力を高めるためには、プロジェクトチームや子会社などの小さな組織のマネジメントを経験させることが重要である。慣習に囚われない先進的行動が求められる仕事や部門横断的な仕事の経験が蓄積できるからである。

正解　D

解説　テキスト第3分冊　35頁〜37頁参照

　<u>後継者の右腕</u>となる経営幹部に求められる要件はいくつかあり、主要なものは下記のとおりである。

・後継者とのリーダーシップシェアリング
・後継者のイノベーション行動の推進役
・後継者の欠点を補完する役割
・後継者へのガバナンス（後継者に異論を表明できる）
・後継者の次の世代の育成

　後継者の右腕を選抜する方法には、①現経営者が選抜する方法と、②後継者自身が選抜する方法がある。

　現経営者による選抜の場合、現経営者の経験が生かされる利点がある一方、後継者との相性が不明であることや現経営者の影響力が残るという欠点もある。後継者自身による選抜の場合、後継者がともに仕事をしやすいという利点がある一方、後継者に異論を差し挟める人物が選ばれにくいという欠点もある。

後継者のマネジメント経験

問21 後継者のマネジメント経験に関する記述で正しいものはどれですか。

A. 後継者のマネジメント能力を高めるためには、最初から大きな組織のマネジメントを経験させることが重要である。

B. 後継者にマネジメント経験をさせるうえで留意すべきことは、プロジェクトをスタートする際に、撤退基準をあらかじめ定めておくことである。損失が小さいうちに撤退することで、全社的に大きな失敗になりにくい。これをスタートスモールの戦略という。

C. 後継者にマネジメント経験をさせるうえで留意すべきことは、小さくプロジェクトを始めることである。大きく始めて失敗してしまうと、全社的に大きな損失を受けてしまう。これをキルスモールの戦略という。

D. 後継者が十分に正統性を獲得できていない場合、有効な方法は、スタートスモールで小さな実績を蓄積して少しずつ先代世代に認めさせることである。

選択肢の説明

A. 不適切。後継者のマネジメント能力を高めるためには、プロジェクトチームや子会社などの小さな組織のマネジメントを経験させることが重要である。

B. 不適切。キルスモールの戦略の説明である。

C. 不適切。スタートスモール戦略の説明である。

D. 適切。スタートスモールで得た小さな実績の蓄積が、後継者の社内外での交渉力を高め、次期経営者としての正統性を獲得することにつながる。

正解　D

解説　テキスト第3分冊　36頁〜37頁参照

　後継者のマネジメント能力を高めるためには、プロジェクトチームや子会社などの小さな組織のマネジメント経験をさせることが重要である。

　特に、海外現地法人や子会社などでの経験は、プロジェクトチームよりもさらに独立性が高まるため、後継者は、一国一城の主として、銀行や仕入先など対外的な利害関係者と関係構築を行うことが求められる。また利益を上げる責任を負わされるケースも多く、経営者としての収支感覚を養うこともできる。

　また、後継者にマネジメント経験をさせる上で留意すべきことは、小さくプロジェクトを始めさせることである。これをスタートスモールの戦略という。小さく始めていれば、仮にプロジェクトが失敗した場合においても、マイナスの影響を最小限に抑えることができる。

　他方、プロジェクトをスタートする際に、撤退基準をあらかじめ定めておくことが重要である。損失が小さいうちに撤退することで、全社的に大きな失敗になりにくい。これをキルスモールの戦略という。

事業承継におけるガバナンス

問22　事業承継におけるガバナンスに関する記述で正しくないものはどれですか。

A. 事業承継におけるガバナンスには、内部のガバナンスと外部のガバナンスが存在する。

B. 内部のガバナンスとしては、先代世代の経営幹部である番頭が、現経営者と後継者との間の指揮命令系統に入る方法があるが、この方法では、後継者の暴走を防ぐことは難しいといわれている。

C. 外部のガバナンスとは、外部の利害関係者によって、後継者のガバナンスがなされることである。

D. 外部のガバナンスでは、地域の商工会や商工会議所からの目が、後継者に仕事上の緊張感を与え、不適正な経営を取りづらくさせている。

選択肢の説明

A. 適切。ガバナンスとは、経営者に適正な経営をさせるための牽制と規律付けを示す。

B. 不適切。番頭が、現経営者と後継者との間の指揮命令系統に入り、後継者に対して指示命令し、後継者からの報告を受けることによって、後継者の暴走を防ぎ、密室経営を回避することができる。

C. 適切。例えば、地域の商工会や商工会議所青年部などでは、会員としての立ち居振る舞いが求められる。

D. 適切。

正解　B

解説　テキスト第3分冊　38頁参照

　ガバナンスとは、経営者に適正な経営をさせるための牽制と規律付けを示す。粉飾決算や品質偽装など不適正な経営が露呈した場合には、当該企業の信用が失われ、企業の寿命が短くなってしまう。

　事業承継にあたっては、後継者によって不適正な経営がなされないようなガバナンスの仕組みを構築しておくことが重要である。

　事業承継におけるガバナンスについては、いくつかの種類が存在する。

　第一に、内部のガバナンスである。例えば、先代世代の経営幹部である番頭が、現経営者と後継者との親子関係の間の指揮命令系統に入る方法である。この方法によって、後継者の暴走を防ぎ、密室経営を回避することができる。

　第二に、外部のガバナンスである。これは、外部の利害関係者によって後継者のガバナンスがなされることである。例えば、地域の商工会や商工会議所などでは、会員としての適切な立ち振る舞いが求められる。商工会や商工会議所からの目が、後継者に仕事上の緊張感を与え、不適正な経営を取りづらくさせている可能性がある。

企業価値・事業価値の定義・意義

> ### 問23　企業価値・事業価値の定義・意義のうち正しくないものはどれですか。

A. 定量的な企業価値評価では、定性評価をもとに、収益性、安定性、成長性などの財務分析により、将来のキャッシュフローとリスクプレミアムを想定し、事業価値を計算する。

B. 非事業資産価値とは、事業活動とは直接関係のない資産の価値を呼び、非営業資産とも呼ばれる。企業価値は、事業価値にこの非事業価値を合計したものと定義される。

C. 企業に有利子負債があったとしても、企業価値の評価には影響がなく、企業価値＝株主価値と考えて差し支えない。

D. PB業務において行う企業価値評価は、実力として時価で企業価値を評価することが求められる。そのためには、企業が将来生み出す利益のキャッシュフローを予想する必要があり、企業の事業性の定性分析が重要となる。

選択肢の説明

A. 適切。

B. 適切。

C. 不適切。有利子負債は将来銀行に返済する必要があり、銀行の持分であると考えられる。従って株主価値は、企業価値から有利子負債価値を差し引いた価値と定義される。

D. 適切。PB業務における企業価値評価においては、顧客との対話を通じ、ファミリーミッション達成のためのコンサルタントの視点を基本にして、創業者経営能力、技術革新力、ビジネスモデルの持続性、後継者、更には雇用者を含めた人的資産の活用、商品の成長サイクルを考慮した新規開発や撤退すべき事業等の内容およびその背景の定性評価が重要となる。

正解　C

> **解説** テキスト第3分冊　41頁〜46頁、165頁参照

企業価値と事業価値などの関係は下図のとおりである。

税金価値		
企業価値	非事業資産価値	有利子負債価値
	事業価値	株主価値

① 　事業価値

　　事業から創出される価値である。会社の静態的な価値である純資産価値だけでなく、会社の超過収益力などを示すのれんや、貸借対照表に計上されない無形資産・知的財産価値を含めた価値である。

② 　企業価値

　　事業価値に加えて、事業以外の非事業資産の価値も含めた企業主体の価値である。

③ 　株主価値

　　事業価値から有利子負債などの他人資本を差し引いた株主に帰属する価値である。

企業価値評価のための事業性評価

問24　企業価値評価のための事業性評価に関する記述のうち正しくないものはどれですか。

A．企業価値の源泉は、事業戦略やイノベーション戦略等の内容にある。

B．事業活動の価値は、投資資金よりも高い社会価値をもたらすものである必要はない。

C．社会価値の測定の基本となる企業が生み出すキャッシュフローを予想するには、まず企業の事業性に関する定性分析が必要になる。

D．事業性評価には、事業性の定性分析に加え、収益力、安定性、成長性等の財務分析も必要となる。

選択肢の説明

A．適切。

B．不適切。事業活動の価値は、投資した資金よりも高い価値をもたらすものでなければならない。

C．適切。厳密には、セグメント毎の分析評価が必要となる。

D．適切。

正解　B

解説　テキスト第3分冊　45頁〜46頁参照

　企業価値評価のためには、企業の事業性の定性分析が重要である。厳密には下記に代表されるようなセグメント毎の分析評価が必要となる。

- ・経営者の経営能力の評価
- ・ビジネスモデルの評価
- ・ライバルとの競争関係の評価
- ・技術研究開発力、イノベーション力の評価
- ・市場ニーズ性の評価
- ・財務力、事業計画力の評価
- ・人事組織力の評価
- ・販売力の評価
- ・収益力、安定性、成長性等の財務分析評価

時価会計制度の発展と企業価値評価技法の関係

問25 時価会計制度の発展と企業価値評価技法に関する記述のうち正しくないものはどれですか。

A. IFRS（国際会計基準）では、「上場企業、非上場企業にかかわらず、企業価値および株主価値は公正価値による」と包括的に規定されているが、公正価値は日本基準の「時価」に相当する概念である。

B. 日本においてもIFRSや欧州のIPEVのガイドラインに準拠する形で、2019年に「時価の算定に関する会計基準」「時価の算定に関する会計基準の適用指針」が制定されており、その普及によって、今後非上場企業を対象とした多様な取引の拡大が予想されている。

C. 上記会計基準および運用指針では、「時価の算定にあたっては、十分なデータが利用できる評価技法（マーケットアプローチ、インカムアプローチ、コストアプローチ）のいずれか一つまたは複数を使用すべきである」とされている。

D. スタートアップ企業の時価評価にあたっては、将来の企業成長を評価することが難しいため、現状の純資産残高などから評価を行う、コストアプローチが有用であるとされている。

選択肢の説明

A. 適切。IFRSでは公正価値測定の算定方法が体系的に整理されており、開示面でも現行の日本基準より詳細な情報が求められている。

B. 適切。2019年の基準・指針の制定により、日本の企業価値の時価の評価についての考え方は、ほとんど世界標準と同じ内容に収斂してきているといえる。

C. 適切。時価の算定にあたっては、複数の評価技法を用いることが望ましく、複数の評価技法に基づく結果を踏まえた合理的な範囲を考慮して、時価を最もよく表す結果を決定すべきである。評価方式を採用するにあたっては、関連性のある観察可能なインプットを最大限利用し、観察できないインプットの利用は最小限にすることが適切である。

D. 不適切。スタートアップ企業においては、将来の企業成長を評価すること

が重要であり、現状の純資産残高をみても意味がないことが多いため、コストアプローチは不要とされている。

正解　D

解説　テキスト第3分冊　46頁～48頁参照

　企業価値および株主価値に関する主な評価技法のポイントを述べれば下記のとおりである。

① マーケットアプローチ…企業価値あるいは株主価値に関し、同一または類似の資産・負債にかかる市場取引から導かれる価格等のインプットを用いる評価技法。主なものに、直近の取引価格利用方式、マルチプル（倍率）方式、業界固有の評価ベンチマーク方式、入手可能な市場価格利用方式などがある。

② インカムアプローチ…企業価値あるいは株主価値に関し、将来の予想キャッシュフロー等に関する現在の市場の期待価値を求める評価技法。主なものとして、ディスカウントキャッシュフロー（DCF）方式、シナリオ確率加重DCF方式、株主フリーキャッシュフローDCF方式、割引配当モデル（DDM）などがある。

③ コストアプローチ…ネットアセットアプローチとも呼ばれる。資産の用役能力を再調達するために現在必要な金額をもととした評価技法。通常株主価値に関して利用される。主なものとして、純資産（時価評価）方式などがある。

マーケットアプローチ

問26　マーケットアプローチに関する記述のうち正しくないものはどれですか。

A．企業価値を評価する技法として用いられるマーケットアプローチには、直近の投資取引価格を利用する方式、マルチプル（倍率）方式、業界固有の評価ベンチマーク方式、などがある。

B．マルチプル（倍率）方式には、P/E倍率（株価収益率）、EV/EBIT倍率（「EV＝株式時価総額＋有利子負債」を「EBIT＝事業利益」で除したもの）、EV/EBITDA倍率（EVを「EBITDA＝利払前税引前償却前利益」で除したもの）など利益を基準指標として用いるアーニング・マルチプル方式、一定の仮定をおいて売上高を用いる売上マルチプル方式などがある。

C．EV/EBITDA倍率を使用すれば、その定義からして固定資産やのれん代など無形資産の償却額のコストを株主価値に反映できるというメリットがある。

D．上場企業のマルチプルを利用して非上場企業の価値を評価する場合には、一般的にはその違いを考慮し、信用リスク、事業リスク、株式の流動性等のディスカウントファクターによる影響も考慮すべきである。

選択肢の説明

A．適切。

B．適切。マルチプル方式は、米国のM&A等の取引で使用され、確立された評価方式といわれ、IPOの時の株式価値評価でも利用される。通常、複数の指標によりクロスチェックしながら利用される。

C．不適切。EBITDAには固定資産やのれん代などの無形資産の償却額は反映されない。

D．適切。ただし、M&Aの場合の取引においては、例えば、株式の非流動性ディスカウントと逆方向の支配権プレミアムやシナジー効果の要素もあり、売り手と買い手の状況にもよるので、個々のケースによって相違がある点には留意が必要である。

正解　C

解説　テキスト第 3 分冊　49頁〜52頁参照

　下記は、類似会社 3 社の売上高と EBITDA マルチプルを基準に評価対象会社の企業価値を算定したものである。h、i で算定されている 6 個の企業価値を平均した j と DCF 法で算定した企業価値 k との平均値を用いて企業価値の最終的判断を行っている。

＜類似企業の財務項目＞	類似会社 A	類似会社 B	類似会社 C
a　売上高（百万円）	200	300	400
b　EBITDA（百万円）〈利払前税引前償却前利益〉	80	90	160
c　市場の企業価値（百万円）	560	720	1,600
d　売上マルチプル（企業価値／売上高　c／a）	2.8	2.4	4
e　EBITDA マルチプル（企業価値／EBITDA　c／b）	7.0	8.0	10.0
＜評価対象企業の財務項目＞	評価対象企業		
f　売上高（百万円）	300		
g　EBITDA（百万円）	100		
	類似会社の売上高・EBITDA マルチプルによる評価対象企業の企業価値算定（百万円）		
h　売上高基準企業価値　f×d	840	720	1,200
i　EBITDA 基準企業価値　g×e	700	800	1,000
j　企業価値算定値（h・i）6 個の平均（A 社・B 社・C 社の平均）	877		
k　DCF 法による企業価値算定値	1,000		
l　最終判断企業価値（百万円）	938	j と k の平均	

インカムアプローチ──ディスカウントキャッシュフロー（DCF）方式

> ### 問27 ディスカウントキャッシュフロー（DCF）方式に関する記述のうち正しくないものはどれですか。

A. ディスカウントキャッシュフロー（DCF）法は、将来投資家に還元されるキャッシュフローを想定し、そのキャッシュフローを割引率で割り引いて企業の現在価値を計算する体系であり、最も利用される方法は、DCF法で企業価値を求め、企業価値に有利子負債を加えて株主価値を求める方法である。

B. DCF法は「資本および有利子負債の投資家にとっての資産価値は、その資産が将来生み出すキャッシュフローの中で、投資家に還元されるキャッシュフローの期待値を、リスクに見合った要求収益率で割り引いた現在価値になる」という原理を用いた技法である。

C. DCF法は、全投資家に還元される将来のキャッシュフローの期待値である企業フリーキャッシュフロー（FCFF）を予想し、加重平均資本コスト（WACC）を割引率として用いて企業価値Vの現在価値を計算する手法である。

D. 加重平均資本コスト（WACC）とは、企業の現在価値を計算する際に、企業フリーキャッシュフローを割引く割引率のことをいい、株主資本コストと有利子負債コストの加重平均コストとして計算される。最近の我が国のデータから試算すると、中小中堅企業の一般的なWACCの水準は8％程度とみられる。

選択肢の説明

A. 不適切。株主価値は、企業価値から有利子負債を差し引いて求める。

B. 適切。「期待値」としているのは、予想値は期待値を中心に確率的に正規分布していると仮定しているからである。また、「リスク」とは、期待値からのバラツキの大きさ（標準偏差）を指している。

C. 適切。

D. 適切。WACC8％は、EBITDA倍率に換算すると、5倍程度である。実

務的には、分析対象銘柄のリスクを見て、８％を中心に、上場企業並みの優良企業であれば５％程度、非上場企業のなかでもリスクが相当大きいと思えば10％〜12％程度を利用することが適当と考えられる。

正解　A

解説　テキスト第３分冊　53頁〜69頁参照

DCF法による企業価値の計算例は下記のとおりである。

「企業FCF＝営業利益×（１－税率）－投資純増（正味運転資本増加額を含む）」を利用する。

（前提）　割引率（WACC）10％、５年目以降成長率３％、税率23％、負債200百万円、営業外利益はなし

単位：百万円

	年　度　末		1	2	3	4	5	ターミナル
①	予想営業利益		100	100	200	200	200	
②	仮想税金	①×23％	23	23	46	46	46	
③	仮想税引き後営業利益		77	77	154	154	154	
④	設備投資運転資金純増	①×40％	40	40	80	80	80	
⑤	企業FCF、５年目末ターミナルバリュー	③－④	37	37	74	74	74	1,089*
⑥	５年目以降成長率	３％						
⑦	割引率	10％						
⑧	割引ファクター	$(1／1.1)^n$	0.91	0.83	0.75	0.68	0.62	0.62
⑨	現在価値	⑤×⑧	33.7	30.7	55.5	50.3	45.9	675.2
⑩	企業価値	合計	892					
⑪	負債	仮定200	200					
⑫	株主価値	⑩－⑪	692					

*　$74×1.03／(0.1-0.03)=1,089$

インカムアプローチ——割引株主フリーキャッシュフロー方式

> **問28　割引株主フリーキャッシュフロー方式に関する記述のうち正しくないものはどれですか。**

A．割引株主フリーキャッシュフロー法は、株主価値を一度計算した後、既知の負債額を加算して、企業価値を計算する手法である。

B．株主フリーキャッシュフローは、「当期利益－投資純増（正味運転資本増加額を含む）－負債返済額」で近似的に求められる。

C．ジャスダック上場企業（2022年4月に廃止され、東証スタンダード・グロース市場に再編）の株主資本コストは2021年9月時点で約6％であったが、非上場企業の資本コストは、事業リスク、倒産リスク、株式非流動性リスクプレミアム等の合計約3％を差し引く必要があり、3％程度が一般的水準とみられる。

D．割引株主フリーキャッシュフロー法は、株主に還元される将来の株主フリーキャッシュフロー（Free Cash Flow to Equity : FCFE）を推定し、株主資本コスト（Re）を割引率として用いて株主価値（E）の現在価値を計算する方法である。

選択肢の説明

A．適切。当然のことながら、株主価値のみを計算する場合にも利用できる。

B．適切。

C．不適切。非上場企業の資本コストは、上場企業の株式に比較し、事業リスク、倒産リスク、株式非流動性リスクプレミアム、経営者リスクプレミアムをそれぞれ1％程度加える必要があり、10％程度が一般的水準とみられる。

D．適切。

正解　C

解説　テキスト第３分冊　59頁〜61頁参照

　割引株主キャッシュフロー法による株主価値および企業価値の計算例は下記のとおりである。

　「株主FCF＝当期純利益－投資純増（正味運転資本増加額含む）－負債返済額」を利用する。

（前提）　株主資本コスト（割引率）12％、５年目以降成長率３％、税率23％、
　　　　　負債200百万円、負債返済はないとする

単位：百万円

	年　　度　　末		1	2	3	4	5	ターミナル
①	営業利益		100	100	200	200	200	
②	負債利子		10	10	10	10	10	
③	税引き前利益		90	90	190	190	190	
④	法人税	③×23％	21	21	44	44	44	
⑤	純利益		69	69	146	146	146	
⑥	設備投資運転資金純増	①×40％	40	40	80	80	80	
⑦	株主FCF、５年目末ターミナルバリュー	⑤－⑥	29	29	66	66	66*	759**
⑧	５年目以降成長率	３％						
⑨	割引率	12％						
⑩	割引ファクター	$(1／1.12)^n$	0.89	0.80	0.71	0.64	0.57	0.57
⑪	現在価値		26	23	47	42	38	431
⑫	株主価値		607					
⑬	負債	仮定200	200					
⑭	企業価値	⑫＋⑬	807					

*　　190×（１－0.23）＝146.3
　　　146.3－80＝66.3

**　66.3×1.03／（0.12－0.03）＝759

EBITDA倍率を用いた非上場企業の株主価値の計算

問29　非上場企業Ａの株主価値を下記の方法で計算した計算結果として正しいものはどれですか。

A．739

B．639

C．539

D．439

　（計算方法）非上場企業Ａのある期末の財務情報は下記のとおりであり、企業Ａは当面この程度の収益が継続すると予想され、新しい発展は見込めないとする。

　事業と財務比率が類似している中堅上場企業Ｂ社、Ｃ社のEBITDA倍率（＝（株式時価総額＋有利子負債）／EBITDA）は、４倍と５倍、株価収益倍率は８倍と10倍であった。

　EBITDA倍率４倍の時と５倍の時のＡ社の株主価値、株価収益倍率が８倍の時と10倍の時の株主価値をそれぞれ求め、この４ケースの株主価値を平均した株主価値を算出する。次に、非上場株式としての事業リスク、信用リスク、非流動性等のリスクディスカウントを考慮して、20％ディスカウントさせた株主価値を非上場企業Ａの株主価値とする。

単位：百万円

売上高	1,000	当期利益	72
売上原価	600	（減価償却費）	（200）
（製造原価）	（500）	現金	100
粗利益	400	売掛金棚卸資産	500
販売管理費	300	固定資産	400
営業利益	100	買掛金	100
営業外利益	0	短期借入金	200
支払利息	10	長期借入金	200
経常利益	90	純資産	500
税金	18		

選択肢の説明　テキスト第 3 分冊　49頁～52頁参照

企業 A の EBITDA

　　＝営業利益＋営業外利益＋減価償却＝100＋ 0 ＋200＝300

　　＝当期利益＋税金＋支払利息＋減価償却＝72＋18＋10＋200＝300

EBITDA倍率　4 倍の時の企業価値1,200

　　株主価値＝1,200－有利子負債（400）＝<u>800</u>

EBITDA倍率　5 倍の時の企業価値1,500

　　株主価値＝1,500－有利子負債（400）＝<u>1,100</u>

株価収益倍率が 8 倍の時の株主価値　72×8＝<u>576</u>

株価収益倍率が10倍の時の株主価値　72×10＝<u>720</u>

上記 4 ケースの株主価値の平均値＝（800＋1,100＋576＋720）／4＝799

非上場株式の諸要素のリスクディスカウントを考慮して△20％低下させた株主

価値＝799×80％＝<u>639</u>

正解　B

加重平均資本コストを用いた非上場企業の株主価値の計算

> **問30　非上場企業Aの株主価値を下記の方法で計算した計算結果として正しいものはどれですか。**

A．800

B．700

C．600

D．500

　（計算方法）非上場企業Aの企業キャッシュフローは、投資純増ゼロ、税率20％と仮定して求める。また加重平均資本コストは、ビジネスモデルの陳腐化を予想し、非上場企業の平均レベルの8％と仮定する。

　この時、「企業価値＝企業フリーキャッシュフロー／加重平均コスト」の式を利用して、企業価値、株主価値を計算する。

単位：百万円

売上高	1,000	純利益	72
売上原価	600	（減価償却費）	（200）
（製造原価）	（500）	現金	100
粗利益	400	売掛金棚卸資産	500
販売管理費	300	固定資産	400
営業利益	100	買掛金	100
営業外利益	0	短期借入金	200
支払い利息	10	長期借入金	200
経常利益	90	純資産	500
税金	18		

選択肢の説明　テキスト第3分冊　53頁〜57頁参照

企業フリーキャッシュフロー≒営業利益×（1−税率）＝100×0.8＝80

加重平均資本コスト＝8％

　　　企業価値＝80／0.08＝1,000

　　　株主価値＝企業価値−有利子負債＝1,000−400＝600

正解　C

企業価値評価のための財務分析指標

> **問31　企業価値評価のための財務分析指標のうち正しいものはどれですか。**

A．株主資本純利益率＝純利益／自己資本
B．当座比率＝当座資産／当座負債
C．固定比率＝固定資産／固定負債
D．自己資本比率＝自己資本／負債

> **選択肢の説明**

A．適切。
B．不適切。当座比率は、当座資産／流動負債　の式で表される。
C．不適切。固定比率は、固定資産／自己資本　の式で表される。
D．不適切。自己資本比率は、自己資本／総資産　の式で表される。

正解　A

解説　テキスト第3分冊　62頁〜63頁参照

(1)　収益性分析

①　総資本経常利益率＝経常利益／総資本

　　…　企業活動全体の収益性を分析する。

②　株主資本純利益率（ROE<Return on equity>）

　　＝純利益／自己資本

　　　＝売上高利益率×総資本回転率×財務レバレッジ

　　　＝（純利益／売上高）×（売上高／総資本）×（総資本／自己資本）

　　…　株主の視点からの資本の収益性を分析する。

③　株主資本経常利益率＝経常利益／自己資本

　　…　株主の視点から資本の税引前の収益性を分析する。

④　投下資本事業利益率＝事業利益／投下資本

　　…　営業外損益も考慮した投下資本の収益性を分析する。

(2)　安全性分析

①　流動比率＝流動資産／流動負債

　　…　企業の短期支払能力を分析する。

②　当座比率＝当座資産／流動負債

　　…　流動負債の支払財源である当座資産を使って短期支払能力を分析する。

③　負債比率＝負債／自己資本

　　…　自己資本と負債(他人資本)の割合から、負債への依存度を分析する。

④　固定比率＝固定資産／自己資本

　　…　固定資産がどのくらい自己資本で賄われているかを分析する。

⑤　インタレストカバレッジドレシオ＝事業利益／支払利息

　　…　金利支払い能力を分析する。

⑥　有利子負債EBITDA（利払前税引前償却前利益）倍率

　　＝（有利子負債－現金および預金）／EBITDA

　　…　負債返済能力を分析する。

⑦　自己資本比率＝自己資本／総資産

　　…　総資産のうち返済不要の自己資本が十分に蓄積されているかを分析する。

事業承継の方法と検討事項

問32 事業承継の選択方法として正しくないものはどれですか。

A．老舗企業で親族内に後継者候補がいる場合には、外部承継を考慮することなく、親族内で経営承継することが好ましい。

B．親族外の後継者を役職員から選ぶ場合、後継者が株式を購入する資金の負担が大きいことに配慮する。

C．M&Aで社外へ売却する場合、従業員の雇用等に配慮する。

D．M&Aで株式を譲渡した後も、経営者として前経営者が引き続き経営に関与することがある。

選択肢の説明

A．不適切。親族内に後継者候補がいても、自社の事業の継続性や将来性を判断した結果、外部承継が望ましいことがある。

B．適切。親族外の後継者を役職員から選ぶ場合、自社株式を有償で譲渡するケースが多く、株式の移転にかかるコストを後継者が用意できないことが多くみられる。このため、後継者の株式取得や資金調達の方法を検討する必要がある。

C．適切。M&Aで社外へ売却する場合、従業員の雇用確保をはじめ、取引先との関係および信用維持などに配慮する必要がある。

D．適切。M&Aで株式を譲渡した後も、円滑に経営を引継ぐため、前経営者が経営にとどまることを求められるケースもある。

正解　A

解説　テキスト第3分冊　70頁〜84頁参照

　事業承継は「ヒト」の承継である「人的承継」と「モノ」「カネ」の承継である「物的承継」からなり、前者は後継者への「経営権の承継」を指す。中小企業の経営は、経営者個人の資質や能力、人脈などに大きく依存していることが多く、適切な後継者の選定は重要な問題である。

　従来、中小企業への事業承継は親族内で行われることが多かったが、近年では、親族内から後継者候補を見つけることが困難なケースが増加している。こうした状況下、役員・従業員への承継に加え、M&A等による外部の第三者への事業承継の可能性も視野に入れて検討を進める必要がある。

　それぞれの事業承継の方法に関し、そのメリットとデメリットを十分理解したうえで、どの方法を選択すべきか、検討を進めることが重要である。

事業承継の必要性と進め方

問33　事業承継の必要性と進め方の記述として正しくないものはどれですか。

A．日本では中小企業が経済・社会で重要な役割を果たしているが、その約半数が後継者未定の状況にあり、事業承継は日本経済の持続的成長のために、事業承継が喫緊の課題となっている。

B．日本では相続税の負担が重いため、事業承継は専ら「事業資産（財産）の承継」に係る税負担に注意が傾きがちであるが、「経営の承継」もそれと同様に重要な課題である。

C．事業承継の取組みは、一般的に、①会社をとりまく現状の正確な認識や分析、②その状況に合った後継者の選定と承継方法の決定、③事業承継計画の作成、④事業承継の実施、といった手順を踏んで行われる。

D．後継者候補がいない場合には、外部人材や他社に事業を任せるしか選択肢がなく、中長期的に後継者育成の仕組みを作ることは選択肢たりえない。

選択肢の説明

A．適切。中小企業経営者の高齢化が進むなかで、このまま何の対策も講じられなければ、中小企業の廃業が増加し、約650万人の雇用と約22兆円のGDPが失われ、日本経済は大変大きな経済的損失を被ることになるといわれている。

B．適切。事業承継は「事業」を現世代から次世代へ承継する取組みであり、「経営の承継」と「事業資産（財産）の承継」から構成される。

C．適切。事業承継の取組みは、現状の認識・課題の把握から、中長期的な展望に立った事業承継計画の策定・実行までが、それぞれの手順に沿って行われていく。

D．不適切。現時点で後継者候補がいない場合には、中長期的に後継者候補を育てる仕組みを作るべきか、外部の人材または他社に事業を任せるべきか、を検討する。

正解　D

解説　テキスト第3分冊　70頁〜73頁参照

事業承継計画の実行までの手順は、次のとおりである。

①	現状の認識・分析	会社の経営資源・会社を取り巻く経営環境とリスクの状況、経営者・後継候補の状況、相続発生時に予測される問題点の検討
②	今後の課題とその対応策の検討	経営資源強化に資する人材確保の検討、会社の資金調達・商品開発等の検討、オーナーの財産整理・個人保証の見直し、後継者の選定・育成方法の検討、財産配分方法・納税方法、税対策の検討
③	事業承継計画の作成	現経営者・後継者間の引継期間の設定・役割分担、自社株式の移動方法の検討、経営者の意志等の文書化、新旧経営者が実行すべき項目の明記、事業に携わらないファミリーへの財産分配計画、税対策のプラン化、具体的スケジュールの作成
④	事業承継計画の実施	自社株式の移動、税対策の実行、実行後の定期的メンテナンス

事業承継の構成要素—人的承継と物的承継—

> ### 問34 「人的承継」「物的承継」に関する記述として正しいものはどれ ですか。

A. 事業承継とは、会社の経営資源である「ヒト」を後継者に引き継ぐこと、 すなわち「人的承継」のことをいう。

B. 「人的承継」とは後継者への「経営権の承継」を指すが、ここでいう経営 権とは、会社運営上の決定権のことを意味している。

C. 事業承継の後継者を親族内や現役員・従業員とする場合は、会社の経営に ついて土地勘があり、十分な知識を有していると考えられるため、後継者 の選定・育成には時間はかからないと考えて良い。

D. 「物的承継」は、現経営者が保有している自社株式や、事業を行うために 必要な資産の次世代への承継を指すが、会社保有の資産価値は株式に包含 されるため、特に自社株式を後継者に引き継ぐことは事業承継の要とされ ている。

選択肢の説明

A. 不適切。事業承継とは、会社の経営資源である「ヒト」「モノ」「カネ」を 後継者に引き継ぐことをいう。「ヒト」の承継を「人的承継」、「モノ」「カ ネ」の承継を「物的承継」という。

B. 不適切。「人的承継」とは後継者への「経営権の承継」を指すが、ここで いう経営権とは、会社運営上の決定権、会社財産の処分権、従業員・役員・ 取引先に対する影響力などの一切の権利をいい、経営理念や信用力などの 引継ぎも広い意味での「人的承継」の中に含まれる。

C. 不適切。親族内や現役員・従業員に会社を承継させる場合、候補者選定、 経営に必要な能力の体得等には5～10年以上の準備期間を要するため、後 継者の選定は早期に開始する必要がある。

D. 適切。

正解　D

解説　テキスト第３分冊　73頁～75頁参照

　事業承継とは、会社の経営資源である「ヒト」「モノ」「カネ」を後継者に引き継ぐことをいい、「ヒト」の承継を「人的承継」、「モノ」「カネ」を後継者に承継することを総称して「物的承継」と呼び、それぞれの対策を検討することが重要である。

　中小企業の経営は、経営者個人の資質・能力、人脈などに大きく依存していることが多く、事業の円滑な運営や業績が経営者の資質に大きく左右される傾向があるため、適切な「人的承継」は重要な課題である。

　「物的承継」は現経営者が保有している会社の所有権である自社株式や、事業を行うために必要な資産の次世代への承継を指す。株式承継は物的承継の中核であり、資産の状況によっては多額の贈与税・相続税が発生するが、後継者に資金力がなければ、税負担を回避するために株式・事業用資産を分散して承継せざるを得ず、結果として事業承継後の経営の安定が危ぶまれる等の可能性がある。そのため、税負担に配慮した承継方法の検討・対策が重要となる。

株式承継（経営権の確保）

問35　株式承継に関する次の記述のうち正しいものはどれですか。

A．事業承継により後継者が安定した経営権を確保するためには、株式を後継者に集中させることが重要であるが、株式を集中できないケースでは経営権確保のための手段として、「種類株式」や「属人的株式」を活用するという手法がある。

B．「種類株式」とは、会社法で認められた権利内容の異なる複数の種類の株式であり、定款で定めることなく、株主総会の普通決議で発行できる。

C．会社法上、全ての株式会社は、株主をその有する株式の内容・数に応じて平等に取り扱うことが原則とされているが、剰余金の配当・残余財産の分配・株主総会における議決権に限っては、株主ごとに異なる取扱いを行う旨を定款に定めることができるものとしている。この株主ごとに取扱いを異にする株式を「属人的株式」という。

D．「属人的株式」では、例えば「株主Aは、保有する普通株式1株につき5個の議決権を有する」といった設定が可能であり、その権利は株式の譲受人（後継者）に引き継がれると解されている。

選択肢の説明

A．適切。

B．不適切。「種類株式」を発行するためには、発行する株式の内容について定款で所定の事項を定める必要がある。定款の変更には、議決権の過半数を有する株主が出席する株主総会において、出席した株主の議決権の3分の2以上の賛成を得ることが必要である。

C．不適切。「属人的株式」を発行できるのは、会社法上「非公開会社」に限られている。非公開会社とは、発行する株式の全部に譲渡制限が付されている会社をいう。

D．不適切。「属人的株式」の権利は譲受人には当然には引き継がれないことと解されており、導入の際にはこの点に十分注意することが必要である。

正解　A

解説　テキスト第3分冊　75頁〜78頁参照

　事業承継では、自社株式を後継者に確実に取得させ、経営権を後継者に承継すること、すなわち「議決権」を後継者に集中することが必要である。また、将来の株主構成を計画し、移転対策、株価対策等の資本政策を検討することが重要となる。株式を集中させるためには、種類株式、属人的定め（属人的株式）の活用が考えられる。

　種類株式とは、権利内容の異なる複数の種類の株式であり、会社法では9種類が認められている。事業承継においては、配当優先（劣後）株式、議決権制限株式・無議決権株式、譲渡制限株式、拒否権付株式（黄金株）、取得条項付株式が活用されることが多い。

　属人的株式は、剰余金の配当・残余財産の分配・株主総会における議決権について、株主ごとに異なる取扱いを行う旨、定款に定めることができるものであり、非公開会社に限り認められている。この属人的株式（定め）は、株式を譲渡した場合、譲受人（後継者）に当然には引き継がれない点には留意が必要である。

親族内事業承継

> **問36　親族内事業承継に関する説明として正しくないものはどれですか。**

A．企業関係者に最も受け入れられやすいが、親族内に後継者候補がいない場合も考えられる。

B．先代経営者の子息が複数いる場合においても、後継者の決定や経営権の集中が容易であるといわれている。

C．相続等により先代経営者の財産や株式を後継者に移転できるため、所有と経営の分離の回避が可能となる。

D．後継者を早期に決定することで、後継者教育のための十分な時間を確保することができる。

選択肢の説明

A．適切。親族内事業承継は、企業内外の関係者に最も受け入れられやすいが、親族内に後継者候補がいない場合も考えられる。

B．不適切。相続人が複数いる場合には、後継者の決定・経営権の集中が困難となる（後継者以外の相続人への配慮も必要となる）。

C．適切。相続等により財産や株式を後継者に移転できるため、所有と経営が分離することを回避できる。

D．適切。後継者を早期に決定し、後継者教育のための長期の準備期間を確保することが可能となる。

正解　B

解説　テキスト第3分冊　78頁〜79頁参照

　親族内事業承継とは、先代経営者の子息等の親族を後継者として事業承継を行う方法であり、親族が自社株を承継し、事業承継後の経営を担う。

　親族内事業承継のメリット・デメリットは次のとおりである。

メリット	デメリット
一般的に、企業内外の関係者から、心情的に最も受け入れられやすい。	親族内に、後継者候補が必ずいるとは限らない。
相続等により財産や株式を後継者に移転できるため、所有と経営が分離することを回避できる。	相続人が複数いる場合、後継者の決定・経営権の集中が困難である（後継者以外の相続人への配慮が必要）。
後継者を早期に決定し、後継者教育等のための長期の準備期間を確保することが可能となる。	

親族外事業承継

> **問37　親族外事業承継に関する説明として正しくないものはどれですか。**

A．社内外から広く候補者を求めることができるため、適任者と出会える可能性が高い。

B．役員・従業員に承継する場合は、業務に精通しているため、他の従業員や取引先から理解が得られやすい。

C．後継者に株式取得資金がないケースも多くみられる。

D．親族内での事業承継ではないため、現経営者から個人債務保証を引継がない場合においても、金融機関から異論を差しはさまれることはない。

選択肢の説明

A．適切。

B．適切。

C．適切。

D．不適切。個人債務保証の引継ぎなどが問題となるケースが多く、取引先金融機関等の理解が得られない可能性がある。

正解　D

解説　テキスト第３分冊　79頁参照

　親族外事業承継には、親族以外の役員・従業員や社外の取引先金融機関や取引先からの出向者などへ事業を承継させる方法がある。この方法は、将来的な子息・子女への事業承継の中継ぎとして利用される場合もある。

　役員・従業員等への事業承継のメリット・デメリットは次のとおりである。

メリット	デメリット
社内外から広く候補者を求めることができ、適任者と出会える可能性が高い。	後継者候補に株式取得等の資金がない場合が多い。
業務に精通しているため、他の従業員や取引先から理解が得られやすい。	親族内承継と比較すると、親族内の関係者から心情的に受け入れられにくい場合がある。
現経営者のもとで形成された企業理念の継続が図られやすい。	個人債務保証の引継ぎなどの問題が多く、取引先金融機関等の理解が得られない可能性が高い。

社外への事業承継（M&A等）

問38　社外への事業承継（M&A等）に関する説明として正しくないものはどれですか。

A．より広範囲から適格な会社、候補者を求めることができるため、適任者と出会える可能性が高い。

B．現経営者は会社売却により資金を獲得でき、企業経営のリスクから解放される。

C．事業は承継されるが、異なる企業文化を背景に組織の融合は難しく、殆どのケースにおいて、従業員の雇用は確保されない。

D．M&A等を活用して事業承継を行う事例は、近年増加傾向にある。

選択肢の説明

A．適切。

B．適切。現経営者は、株式を売却することにより、企業経営リスクから解放され、株式を現金化することができ、株式売却益を獲得できる可能性もある。

C．不適切。企業文化の違いにより組織の融合が困難な場合があり、従業員が退職するケースが見受けられることは事実であるが、事業が承継されることで従業員の雇用が確保される可能性は残る。

D．適切。

正解　C

解説　テキスト第3分冊　79頁〜80頁参照

　株式譲渡や事業譲渡等（M&A等）により承継を行う方法。後継者候補が親族内や社内にいない場合に、従業員の雇用維持、取引先との関係や信用の維持、現経営者の老後の生活資金確保などのために、第三者に経営を任せる方法をいう。

　自社に合うM&Aの方法を選択するためには、自社の評価に関し、事業・法務・財務等を多方面から精査・分析する必要があり、時間やコストがかかることを念頭におく必要がある。情報漏洩への注意も重要である。

　社外への事業承継（M&A等）のメリット・デメリットは次のとおりである。

メリット	デメリット
より広範囲から適格な会社、適任者を選択できる。	所有と経営が分離する可能性がある。
現経営者は会社売却により資金を獲得できる。	売り手・買い手双方の希望条件（従業員の待遇、価格等）を全て満たすことは困難。
事業が承継されることで、従業員の雇用の維持が期待できる。	仲介会社、専門家への報酬負担が重い。
	現役員については解任の可能性がある。

親族内事業承継（後継者選定のポイント）

> **問39　親族内事業承継における後継者選定の際の留意点として正しくないものはどれですか。**

A. 自分の子供がいれば、子供に会社の財産権と経営権を一緒に引き継がせるのが、最も望ましい。

B. 経営を取り巻く環境変化に対応しながら、その後の企業や事業を継続・成長させていくことができる資質のある人物を後継者として選定することが望まれる。

C. 後継者選びは、時間がかかるので早めに取り組む必要があり、後継者に関し社内外の関係者が意識を共有することが望ましい。

D. 後継者を選定した後には、後継者として必要な後継者教育を計画的に行うことが必要となる。

選択肢の説明

A. 不適切。自分の子供が必ずしも経営者として適切とは限らない。後継者としての資質のある人物を選定すべきである。

B. 適切。

C. 適切。後継者選びは、対話を重ね、相手の真意をしっかりと確認することが重要である。そのためにも早めに取り組む必要がある。

D. 適切。後継者として必要な知識・経験、承継のタイミングを考える必要がある。

正解　A

解説　テキスト第3分冊　81頁参照

　後継者の選定は、事業承継を成功させるための重要な要素である。

　経営者の多くは、会社の財産権（株式）と経営権を一緒に自分の子供に承継することを望んでいると思われるが、安易に決めるのではなく、経営を取り巻く環境変化に対応しながら、その後の企業や事業を継続・成長させていくことができる資質のある人物を後継者として選定することが望ましい。後継者選びは、時間がかかるので早めに取り組む必要があり、後継者に関し社内外の関係者が意識を共有することが安心感につながる。後継者を選定した後には、後継者として必要な知識・経験、承継のタイミングを考えたうえでの、計画的な後継者教育が重要となる。

　後継者が安定した経営を図るためには、後継者以外の相続人に配慮をしながら、後継者へ株式等の事業用資産の集中を図ることが重要となる。既に株式が分散している場合には、可能な限り株式の買取り等を実施することが必要である。具体的には、生前贈与の活用、遺言の活用、会社法の活用、持株会社の設立、安定株主（役員・従業員持株会など）の導入、遺留分に関する民法特例、等を検討することとなる。

　株式承継においては、まずは非上場株式の価格（評価額）を把握する必要がある（詳しくはテキスト第3分冊　86〜96頁参照）。株式の承継方法には、主に、相続、贈与、譲渡（売買）の3つがあり、それぞれのケースで税金が課税される。譲渡が行われた場合は、取引の当事者が個人か法人かによって、課税関係および税務上適用される株式の時価概念が異なる。税務上の株式評価は原則、相続または贈与は相続税法上の時価で、非上場株式を譲渡する場合には次の表のとおり評価される。

取引の当事者		時価の算定方法
売手	買手	
個人	個人	相続税法上の時価
個人	法人	（個人）　所得税法上の時価
法人	個人	（法人）　法人税法上の時価
法人	法人	法人税法上の時価

親族内に後継者不在時の選択

> **問40　親族内に後継者が不在である時の選択として正しくないもの はどれですか。**

A．親族内に適切な後継者が不在の場合、自社の役員・従業員等に事業を承継 させることがある。

B．役員・従業員等に承継した場合、株式の移転にかかるコストを後継者が用 意できない場合が多く、後継者の株式の取得方法や資金調達の方法を検討 する必要がある。

C．親族ではない後継者に「所有」のみを承継し、現経営者が株主（オーナー） として「経営」に関与する「所有と経営の分離」という方法がある。

D．「所有と経営の分離」を行うと、従業員や経営者の貢献によって企業価値 が向上したとしても、株価上昇に伴う利益を享受できるのは、株主である オーナーのみになってしまうという問題点がある。

選択肢の説明

A．適切。

B．適切。種類株式の活用（問35参照）やMBOの検討（問68、69参照）も解 決策のひとつとなる。

C．不適切。親族ではない後継者に「経営」のみを承継し、現経営者が株主（オー ナー）として経営に関与する「所有と経営の分離」という方法がある。

D．適切。経営者が受け取ることができる利益は役員報酬のみとなり、経営者 や従業員のモチベーションが低下するというリスクがある。

正解　C

解説　テキスト第3分冊　83頁〜84頁参照

　後継者不在時の選択としては、①役員・従業員等への承継、②所有と経営の分離、③第三者への承継がある。

① 「役員・従業員等への承継」の場合には、親族内承継の場合と同様に、後継者の選定および事業承継の基盤づくり、関係者の理解、後継者教育、株式・財産等の分配について注意が必要になる。特に、現経営者とその親族が保有している自社株式の承継が大きな問題となる。自社株式・事業用資産を相続や贈与によって取得する親族内承継と比べて、役員・従業員等への承継の場合、自社株式を有償で譲渡するケースが多く、後継者の側でその取得資金を確保することが課題となる場合がある。

② 「所有と経営の分離」は、親族ではない後継者に対して「経営」のみを承継し、現経営者が株主（オーナー）として経営に関与するという方法である。例えば、役員・従業員が事業承継する際に、株式の取得資金調達の問題が解決できず、後継者が必要な分の株式を取得できない場合での活用が考えられる。この方法には、株主（オーナー）が負担するリスクの残存、経営者や従業員のモチベーション低下（左記選択肢D参照）などの問題点もある。

③ 「第三者への承継」は、「経営」と「自社株式」の両方をM&Aなどにより第三者へ承継させ、完全にその第三者へ事業を引き継がせる方法である（詳しくは、問38　社外への事業承継（M&A等）を参照）。

取引相場のない株式の評価体系、経営支配力・同族株主等の定義

問41　自社株式の評価体系に関する記述のうち正しいものはどれですか。

A. 現経営者が、相続または贈与により取引相場のない株式を承継させる場合には、財産評価基本通達に定められている「取引相場のない株式の評価」にしたがって評価する。

B. 取引相場のない株式は、株主の株式取得後の議決権割合により評価方法が異なり、株主が経営支配力を持つ場合には「特例的評価方式」により、それ以外の株主については「原則的評価方式」により評価する。

C. 議決権の51％を保有する同族株主がいる場合においても、残りの49％を保有する他の株主には、原則的評価方式が適用される。

D. Xグループの議決権割合が20％、Yグループの議決権割合が17％、その他少数株主63％の会社において、Xグループに属する議決権割合5％のXは中心的な株主である。

選択肢の説明

A. 適切。相続税および贈与税の計算上、金融商品取引所に上場している株式および気配相場のある株式と同様に、取引相場のない株式を時価評価しなければならないが、市場価格が存在しないため、その評価方法が通達により定められている。

B. 不適切。株主が経営支配力を持つ場合には「原則的評価方式」により、それ以外の株主については「特例的評価方式」により評価する。

C. 不適切。議決権の50％超を保有する同族株主がいる場合は、その他の株主は同族株主以外の株主となり、特例的評価方式が適用される。

D. 不適切。中心的な株主とは、株主1人ならびにその同族関係者の議決権割合が15％以上に属する株主のうち、その者単独の議決権割合が10％以上である場合におけるその株主をいう。

正解　A

解説　テキスト第3分冊　86頁〜88頁参照

　①「同族株主」は経営支配力を持つ株主とされ、株主とその同族関係者の議決権の合計数が議決権総数の30％以上（以下「議決権割合」という）となる場合におけるそのグループに属する株主をいう。ただし、グループの有する議決権割合が50％を超えるグループがある場合には、そのグループに属する株主のみが同族株主となり、30％以上の株主グループがいても同族株主にはならない。②「同族株主がいない会社」の場合、株主とその同族関係者の議決権割合が15％以上となる場合におけるそのグループに属する株主は経営支配力を持つ株主とされる。

　①の同族株主、②の議決権割合が15％以上に属する株主には、「原則的評価方式」が適用されるが、次のとおり例外的に経営支配力を持つ株主とはならず、「特例的評価方式」が適用される株主となる場合がある。

　①の同族株主のうち、議決権割合が5％未満かつ「中心的な同族株主」がいる場合に、中心的な同族株主にも役員等にも該当しない株主（問42の図表例外 a）となる場合。中心的な同族株主とは、同族株主の1人ならびにその配偶者等の議決権割合が25％以上である場合におけるその株主をいう。
　②の議決権割合が15％以上のグループに属する株主のうち、議決権割合が5％未満かつ「中心的な株主」がいる場合に、役員等に該当しない株主（問42の図表例外 b）となる場合。中心的な株主とは、同族株主がいない会社の株主において、株主1人ならびにその同族関係者の議決権割合が15％以上に属する株主のうち、その者単独の議決権割合が10％以上である場合におけるその株主をいう。

同族株主の存在の有無と評価方式の関係

問42　自社株式の評価体系に関する記述のうち正しいものはどれですか。

A. 同族株主とは、株主の１人とその同族関係者の有する議決権の合計数が議決権総数の25％以上を占める場合のその株主とその同族関係者をいう。

B. 株式を取得した本人が同族株主である場合、その評価会社の議決権総数の３％以上を保有していれば原則的評価方式が採用される。

C. 中心的な同族株主とは、本人、配偶者、直系血族、兄弟姉妹および一親等の姻族の有する議決権数がその会社の議決権総数の30％以上を有している場合のその株主をいう。

D. 株式を取得した本人が同族株主である場合、その評価会社の役員に就任していれば、原則的評価方式が採用される。

選択肢の説明

A. 不適切。同族株主とは、株主の１人とその同族関係者の有する議決権の合計数が議決権総数の30％以上を占める場合のその株主とその同族関係者をいう。

B. 不適切。取得した本人が同族株主である場合、その評価会社の議決権総数の５％以上を保有していれば原則的評価方式が採用される。

C. 不適切。中心的な同族株主とは、本人、配偶者、直系血族、兄弟姉妹および一親等の姻族の有する議決権数がその会社の議決権総数の25％以上を有している場合のその株主をいう。

D. 適切。取得した本人が同族株主である場合、その評価会社の役員に就任していれば、原則的評価方式が採用される。

正解　D

解説　テキスト第3分冊　86頁〜88頁参照

株主の態様による評価方式の区分は、次のとおりである。

会社区分	株主の態様による区分				評価方式
	同族グループ単位	株主区分			
同族株主※1のいる会社	同族株主	株式取得後の議決権割合5％以上			原則的評価方式
		株式取得後の議決権割合5％未満	中心的な同族株主※2がいない場合		
			中心的な同族株主がいる場合	中心的な同族株主	
				役員である株主または役員となる株主	
				例外a※4	特例的評価方式
	同族株主以外の株主				
同族株主のいない会社	議決権割合の合計が15％以上のグループに属する株主	株式取得後の議決権割合5％以上			原則的評価方式
		株式取得後の議決権割合5％未満	中心的な株主※3がいない場合		
			中心的な株主がいる場合	役員である株主または役員となる株主	
				例外b※4	特例的評価方式
	議決権割合15％未満のグループに属する株主				

※1　同族株主とは、株主の1人とその同族関係者の有する議決権の合計数が議決権総数の30％以上を占める場合のその株主とその同族関係者をいう。なお、50％超を所有している株主グループがある場合は、30％以上の株主グループがいても、同族株主にならない。

※2　中心的な同族株主とは、本人、配偶者、直系血族、兄弟姉妹および一親等の姻族の有する議決権数がその会社の議決権総数の25％以上を有している場合のその株主をいう。

※3　中心的な株主とは、同族株主のいない会社で議決権割合が15％以上であるグループのうち、単独で10％以上の議決権を有している株主をいう。

※4　例外a、例外bについては、問41の解説参照。

原則的評価方式—総論

問43　原則的評価方式に関する記述のうち正しいものはどれですか。

A. 原則的評価方式は、類似業種比準価額と純資産価額を用いて評価するが、会社規模（大会社・中会社・小会社）により評価方法が異なるため、まず会社規模を確認する。会社規模は、従業員数・総資産価額（帳簿価額）・取引金額（売上高）に応じて業種ごとに区分される。

B. 評価会社の従業員数が70人以上の場合であっても、他の要素によっては大会社と評価されないことがある。

C. 類似業種比準価額を計算する際の比準要素とは、売上金額、配当金額、純資産価額（帳簿価額）の3要素である。

D. 純資産価額は相続税評価額により計算するが、1株当たりの純資産価額を算出する場合において、分母となる発行済株式総数には自己株式も含める。

選択肢の説明

A. 適切。

B. 不適切。従業員数が70名以上であればその他の判定基準とは無関係に大会社となる。

C. 不適切。類似業種比準価額は、配当金額、利益金額、純資産価額（帳簿価額）の3要素を比準要素として計算される。

D. 不適切。分母となる発行済株式数は自己株式を除いた計数を用いる。

正解　A

解説　テキスト第3分冊　89頁〜92頁参照

　株主区分の判定において、経営支配力を持つ株主と判定された場合、その株主が株式を所有する目的は、もっぱら会社の支配にあるものとされ、<u>原則的評価方式</u>が適用される。原則的評価方式は、<u>類似業種比準価額</u>と<u>純資産価額</u>を用いて評価するが、<u>会社規模</u>（大会社・中会社・小会社）により評価方法が異なるため、まず会社規模を確認する。会社規模は、<u>従業員数</u>、<u>総資産価額</u>（<u>帳簿価額</u>）、<u>取引金額</u>（<u>売上高</u>）に応じて、業種ごとに区分されている。

　その具体的手順は以下のとおりである。

①　従業員数による判定 ・課税時期の直前期末以前1年間における従業員数が70人以上であれば大会社に該当する。 ・70人未満であれば②③へ
②　「総資産価額（帳簿価額）および従業員数」の2つの基準で会社規模を確認し、小さい方の会社規模を選択。
③　「総資産価額（帳簿価額）および従業員数」と「取引金額（売上高）」の2つの基準で会社規模を確認し、大きい方の会社規模を選択。

② 「総資産価額（帳簿価額）および従業員数」の基準における「総資産価額」とは、直前期末時点における総資産価額をいい、従業員数の判定については、課税時期の直前期末以前1年間における従業員数により判定される。従業員数を加味した総資産価額基準に基づいた業種毎の会社区分は、次のとおりである。

従業員数を加味した総資産価額基準 会社区分	総資産価額（帳簿価額）			従業員数
	卸売業	小売・サービス業	左記以外	
大会社	20億円以上	15億円以上	15億円以上	35人超〜
中会社の大	4億円以上〜20億円未満	5億円以上〜15億円未満	5億円以上〜15億円未満	35人超〜
中会社の中	2億円以上〜4億円未満	2億5千万円以上〜5億円未満	2億5千万円以上〜5億円未満	20人超〜35人以下
中会社の小	7千万円以上〜2億円未満	4千万円以上〜2億5千万円未満	5千万円以上〜2億5千万円未満	5人超〜20人以下
小会社	7千万円未満	4千万円未満	5千万円未満	5人以下

③　取引金額（売上高）基準における取引金額とは、直前期末以前1年間における取引金額（売上高）をいい、その基準に基づいた業種毎の会社区分は次のとおりである。

取引高基準	取引金額（売上高）		
会社区分	卸売業	小売・サービス業	左記以外
大会社	30億円以上	20億円以上	15億円以上
中会社の大	7億円以上〜 30億円未満	5億円以上〜 20億円未満	4億円以上〜 15億円未満
中会社の中	3億5千万円以上〜 7億円未満	2億5千万円以上〜 5億円未満	2億円以上〜 4億円未満
中会社の小	2億円以上〜 3億5千万円未満	6千万円以上〜 2億5千万円未満	8千万円以上〜 2億円未満
小会社	2億円未満	6千万円未満	8千万円未満

上記で区分された会社規模に応じて、次のように評価する。

大会社…原則として類似業種比準価額方式で評価するが、純資産価額方式で評価することも認められる。

中会社…原則として類似業種比準価額方式と純資産価額方式との折衷価額で評価する。

小会社…原則として純資産価額方式で評価するが、類似業種比準価額方式で評価することも認められる。

類似業種比準価額の計算方法は問46、純資産価額の計算方法は問48の解説参照。

会社規模	評価方法（AとBのいずれか低い方を選択）	
	A	B
大会社	類似業種比準価額	純資産価額
中会社の大	類似業種比準価額×0.9＋純資産価額×0.1	
中会社の中	類似業種比準価額×0.75＋純資産価額×0.25	
中会社の小	類似業種比準価額×0.6＋純資産価額×0.4	
小会社	類似業種比準価額×0.5＋純資産価額×0.5	

原則的評価方式─会社規模の判定（1）

> **問44　取引相場のない株式を評価する場合の会社規模の判定に関し、正しいものはどれですか。**

A．従業員が70人以上であれば、無条件で大会社に該当する。

B．従業員の数を判定する場合の従業員には、社長や専務取締役などの役員も含めて算定する。

C．継続勤務従業員とは、直前期末以前1年間に勤務していた者で、アルバイトやパート等の従業員も含まれる。

D．従業員の数の判定については、課税時期（相続開始時期）において勤務している従業員数で判定する。

選択肢の説明

A．適切。課税時期の直前期末以前1年間における従業員数が70人以上であれば大会社に該当する。

B．不適切。従業員の数を判定する場合の従業員には、社長や専務取締役などの役員は含めない。

C．不適切。継続勤務従業員とは、直前期1年間継続して評価会社に勤務していた者で、かつ1週間当たりの労働時間が30時間以上の者をいい、労働時間要件に該当しないアルバイトやパート等の従業員は、継続勤務従業員には含まれない。

D．不適切。従業員の数の判定については、課税時期の直前期末以前1年間における従業員数によって判定する。

正解　A

解説　テキスト第3分冊　89頁〜90頁参照

会社規模を判定する場合に使用される従業員数は下記のとおりである。

① 従業員数による判定

　課税時期の直前期末以前1年間における従業員数が70人以上であれば大会社に該当する。

② 継続勤務従業員以外の従業員数の判定

　継続勤務従業員とは、直前期1年間継続して評価会社に勤務していた者で、かつ1週間当たりの労働時間が30時間以上の者をいう。また、それ以外の従業員（アルバイトやパート等の従業員）については、直前期末以前1年間の労働時間合計を1,800時間で割った数を従業員数とする。

③ 役員等の判定

　役員（社長、副社長、専務取締役および常務取締役など）は従業員数には含めない。

原則的評価方式―会社規模の判定（2）

> **問45 取引相場のない株式を評価する場合の会社規模の判定に関し、正しくないものはどれですか。**

A. 取引高基準における取引金額は、直前期末以前 1 年間における取引金額をいう。

B. 取引高基準において、卸売業の場合は、取引金額が30億円以上であれば大会社に該当する。

C. 従業員数を加味した総資産基準の場合、卸売業であれば、総資産価額が10億円以上であり、従業員数が35人超であれば大会社に該当する。

D. 従業員数を加味した総資産基準の場合、小売・サービス業であれば、総資産価額が15億円以上であり、従業員数が35人超であれば大会社に該当する。

選択肢の説明

A. 適切。取引高基準における取引金額は、直前期末以前 1 年間における取引金額をいう。

B. 適切。取引高基準において、取引金額が、卸売業は30億円以上、小売・サービス業は20億円以上、それ以外の会社は15億円以上であれば大会社に該当する。

C. 不適切。従業員数を加味した総資産基準の場合、卸売業は、総資産価額が20億円以上、従業員数が35人超であれば大会社に該当する。

D. 適切。従業員数を加味した総資産基準の場合、小売・サービス業は、総資産価額が15億円以上、従業員数が35人超であれば大会社に該当する。

正解　C

解説　テキスト第 3 分冊　89頁〜90頁参照

問43　原則的評価方式─総論の解説参照。

類似業種比準価額方式

> **問46　取引相場のない株式の相続税評価の算定方法の一つである類似業種比準価額方式に関する説明について、正しくないものはどれですか。**

A. 類似業種の「株価」は、課税時期の属する月の株価、その前月の株価、その前々月の株価、前年の平均株価および課税時期の属する月以前 2 年間の平均株価の 5 つのうち最も低い金額を採用する。

B. 比準要素の 1 つである「1 株当たり配当金額」について、評価会社の配当金額は、特別配当や記念配当などの金額は除かれる。

C. 比準要素の 1 つである「1 株当たり利益金額」について、評価会社の利益金額は、法人税の課税所得金額に基づいて計算する。

D. 比準要素の 1 つである「1 株当たり純資産価額」について、評価会社の純資産価額は、相続税評価額によって算定された金額を採用する。

選択肢の説明

A. 適切。類似業種の株価については、課税時期の属する月の株価、その前月の株価、その前々月の株価、前年の平均株価および課税時期の属する月以前 2 年間の平均株価の 5 つのうち最も低い金額を採用する。

B. 適切。比準要素の「1 株当たり配当金額」について、評価会社の配当金額は、特別配当や記念配当などの非経常的な配当を除いて、経常的な配当（決算配当や中間配当）によって計算する。

C. 適切。比準要素の「1 株当たり利益金額」について、評価会社の利益金額は、法人税の課税所得金額に基づいて計算する。

D. 不適切。比準要素の「1 株当たり純資産価額」については、評価会社および類似業種ともに、相続税評価額ではなく帳簿価額によって算定された金額を採用する。

正解　D

解説　テキスト第3分冊　91頁～92頁参照

　類似業種比準価額は、まず、評価会社と業種が類似する上場会社の「配当金額【B】」、「利益金額【C】」および「純資産価額（帳簿価額）【D】」という3つの比準要素を分母に、評価会社の1株当たりの配当金額【b】、利益金額【c】、純資産価額（帳簿価額）【d】を分子にして合計した値の平均値に、類似業種の「株価【A】」を乗じる（会社規模により斟酌率あり）。

　その際、国税庁から定期的に公表される【B】、【C】、【D】のデータが、1株当たりの資本金等の額50円を前提としているので、評価会社の1株当たりの値【b】、【c】、【d】を計算する場合の発行済株式総数は「資本金等の額÷50円」で計算した株式数に引き直して計算する（自己株式除く）。最後に、「1株当たりの資本金等の額／50円」を乗じて評価会社の発行済株式数ベースに戻して算出する。

$$A \times \frac{\dfrac{b}{B}+\dfrac{c}{C}+\dfrac{d}{D}}{3} \times \left\{ \begin{array}{l} 0.7（大会社）\\ 0.6（中会社）\\ 0.5（小会社）\\ （斟酌率） \end{array} \right. \times \frac{1株当たりの}{\substack{資本金等の額\\ \overline{}\\ 50円}}$$

b＝直前期末以前2年間の平均値
c＝直前期末以前1年間または2年間平均値のいずれかの値
d＝直前期末の純資産価額（帳簿価額）

　類似業種の業種目および業種目別株価などは、国税庁から定期的に発表される。

　業種が類似する上場会社の株価【A】は、課税時期の属する月、前月、前々月、前年平均額および課税時期以前2年平均額のうち、いずれか低い金額を使用する。

　評価会社の年利益金額【c】は、損益計算書上の利益ではなく、法人税の課税所得を基礎とした金額となる。

類似業種比準価額方式での評価引き下げ対策

> **問47　類似業種比準価額方式による自社株の評価引き下げ対策に関する説明について、正しくないものはどれですか。**

A. 経常的な配当金額を減額させることにより、類似業種比準価額を引き下げる効果がある。

B. 不良在庫や固定資産を処分して損金を計上する、または役員退職金を支給することにより、類似業種比準価額を引き下げる効果がある。

C. 利益剰余金を原資として、配当金や役員賞与を支給することにより、類似業種比準価額を引き下げる効果がある。

D. 会社の規模を中会社から大会社に移行すれば、類似業種比準価額を引き下げる効果がある。

選択肢の説明

A. 適切。類似業種比準価額の比準要素の1つである配当金額は、経常的な配当金額のみで計算するため、経常的な配当金額を減額することで、類似業種比準価額を引き下げる効果がある。

B. 適切。不良在庫や固定資産を処分して損金を計上したり、役員退職金を支給することにより、類似業種比準価額の比準要素の1つである利益金額が減少するため、類似業種比準価額を引き下げる効果がある。

C. 適切。利益剰余金を原資に、配当金や役員賞与を支給することにより、類似業種比準価額の比準要素の1つである純資産価額が減少するため、類似業種比準価額を引き下げる効果がある。

D. 不適切。会社の規模を中会社から大会社に移行させると、類似業種比準価額を算出する際の斟酌率が高くなるため、類似業種比準価額が引き上げられる。

正解　D

解説　テキスト第 3 分冊　91頁〜92頁参照

　類似業種比準価額は、評価会社の「1 株当たりの配当金額」「1 株当たりの利益金額」「1 株当たりの純資産額」の 3 要素および斟酌率が評価額に影響するため、評価額を引き下げるためには、これらの要素などを引き下げる効果がある対策が必要である。評価額引き下げの対策は、次のとおりである。

①	配当金額の引き下げ対策…配当金額は、経常的な配当金額のみにより計算されるため、経常的な配当金額を減少させ、臨時的な配当金を増やすことで、類似業種比準価額を引き下げる。
②	利益金額の引き下げ対策…不良在庫や固定資産を処分して除却損を計上したり、定期保険の保険料の支払い、役員退職金の支給などにより、損金（必要経費）の計上額を増やし利益金額を引き下げることで、類似業種比準価額を引き下げる。
③	純資産価額の引き下げ対策…利益剰余金を原資として、配当金の実施や役員賞与の支給を行うことで、純資産価額を減少させて、類似業種比準価額を引き下げる。
④	その他の引き下げ対策…会社規模を大会社から中会社へ移行するなど、類似業種比準価額を算出する際の斟酌率の割合を減少させる。純資産価額方式による評価額の方が低い場合には、純資産価額方式を採用できる会社規模へ移行する。また、会社の保有株式や保有不動産を増やし、株式保有特定会社や土地保有特定会社へ移行する。

純資産価額方式

問48 取引相場のない株式を評価する場合における純資産価額方式に関する説明について、正しくないものはどれですか。

A. 純資産価額は、相続税評価額ベースの純資産（資産－負債）から含み益相当額の37％を控除した金額を発行済株式総数（自己株式を除く）で除して求める。

B. 相続税評価額の計算については、課税時期前３年以内に取得した土地や建物がある場合、その土地や建物の評価額は、通常の取引価額により評価される。

C. 課税時期における未払いの退職金や税金等がある場合、これらも考慮して純資産価額の計算を行う。

D. 創立費や開業費などの繰延資産についても、純資産価額の計算に含める。

選択肢の説明

A. 適切。純資産価額は「（相続税評価額ベースの純資産（資産－負債）－含み益相当額の37％）÷発行済株式総数（自己株式を除く）」により求める。

B. 適切。相続税評価額の計算において、課税時期前３年以内に取得した土地や建物の評価額については、例外として、通常の取引価額（＝時価）により評価される。

C. 適切。課税時期において未払いとなっている退職金や未払税金等については、これらの金額も考慮して純資産価額の計算を行う。

D. 不適切。創立費や開業費などの繰延資産および自己株式については、純資産価額の計算に含めない。

正解 D

解説　テキスト第3分冊　92頁参照

　純資産価額方式とは、課税時期における評価会社の所有する各資産の相続税評価額の合計額から、課税時期における各負債の合計額および評価差額に対する法人税等に相当する金額を控除した金額を、課税時期の発行済株式数（自己株式を除く）で除して求めた金額により評価する方式をいう。計算方法は、次のとおりである。

純資産価額方式による株価	$$\dfrac{(A-B)-\{(A-B)-(C-D)\}\times 37\%}{E}$$

A：課税時期現在の相続税評価額による資産の合計額[※1]
B：課税時期現在の相続税評価額による負債の合計額[※2]
C：課税時期現在の帳簿価額による資産の合計額[※1]
D：課税時期現在の帳簿価額による負債の合計額[※2]
E：課税時期現在における発行済株式数[※3]

※1　繰延資産等の財産性のないものおよび自己株式は除く
※2　次のとおり加算、控除の調整を行う
　　　加算：課税時期において未払いとなっている、未納公租公課、直前期の利益処
　　　　　　分として確定した配当金、役員賞与金および被相続人の死亡により確定
　　　　　　した退職金等
　　　控除：準備金および引当金（退職給与引当金以外のもの）
※3　自己株式数は除く

留意点
① 　評価会社が課税時期以前3年以内に取得した土地・建物がある場合には、「通常の取引価額（＝時価）」により評価する。
② 　株式取得者とその同族関係者の有する株式の議決権割合が50％未満である場合には、上記算式で算出した1株当たりの純資産価額の80％で評価する（大会社および開業前または休業中の会社を除く）。

純資産価額方式での評価引き下げ対策

問49　純資産価額方式による自社株の評価引き下げ対策に関する説明について、正しくないものはどれですか。

A. 経営者に対する退職金は、適正な金額であればその退職金は、損金算入できるので、これにより純資産価額を引き下げる効果がある。

B. 不動産の価額は、通常の取引価額より低く評価されるため、不動産を取得することで、直ちに純資産価額を引き下げる効果がある。

C. 評価会社が契約者および受取人、従業員を被保険者とする定期保険に加入した場合には、その支払保険料の全額が期間の経過に応じて損金に算入されるため、結果として純資産価額を引き下げる効果がある。

D. 類似業種比準価額方式による評価額の方が低いようであれば、会社規模を大会社に移行することを検討する。

選択肢の説明

A. 適切。経営者に対する退職金は、適正な金額であれば損金算入が可能であるので、これにより純資産価額を引き下げる効果がある。

B. 不適切。不動産の価額は、通常の取引価額より低く評価されるが、取得後3年以内の不動産は、通常の取引価額により評価されるため、取得後直ちに純資産価額を引き下げる効果はない。

C. 適切。評価会社が契約者および受取人、従業員を被保険者とする契約形態の定期保険に加入した場合には、支払保険料の全額が期間の経過に伴い損金に算入されるため、純資産価額を引き下げる効果がある。

D. 適切。類似業種比準価額方式による評価額の方が低いようであれば、従業員を増やすなど、会社規模を大会社に移行することも有効である。

正解　B

解説　テキスト第3分冊　92頁参照

　純資産価額方式は、評価会社の相続税評価額などにより計算された純資産価額に基づいて評価額が計算されるため、評価額を引き下げるためには、この要素を引き下げる効果がある対策が必要である。評価引き下げのポイントは、次のとおりである。

①　不動産などの取得 ・賃貸用の土地および建物は、取引価額の70％から80％相当額で評価（貸家建付地および貸家）され、ゴルフ会員権については、通常の取引価額の70％で評価されるため、純資産価額の引き下げ効果がある。 ※不動産については取得後3年以内は相続税評価額ではなく、通常の取引価額にて評価されるため注意が必要である。
②　資産の減少 ・役員退職金や配当を支払うことで、現預金を減少させることで、純資産価額を引き下げる効果がある。 ・不良在庫や不良債権、不要な固定資産の処分により、資産を減少させることで、純資産価額を引き下げる効果がある。 ・契約者および受取人を評価会社、従業員を被保険者とする定期保険に加入することで、その支払保険料の全額が期間の経過に応じて損金に算入されるため、結果として純資産価額を引き下げることが可能である。
③　保有資産の見直し 　類似業種比準価額方式による評価額の方が低いようであれば、会社規模を大会社に移行（従業員を増やす、売上高を増やす、総資産価額を増やすなど）することを検討する。

原則的評価方式以外の評価方法

問50　原則的評価方式以外の評価方法に関する記述のうち正しいものはどれですか。

A. 土地保有特定会社の判定にあたっては、総資産に占める土地等の保有割合が70％以上かどうかを基準とする。

B. 株式等保有特定会社の判定にあたっては、相続税評価額ベースで株式保有割合が70％以上かどうかを基準としておこなわれる。

C. 開業後３年未満の会社等には、①開業後３年未満の会社と②類似業種比準要素の３要素ゼロの会社の２種類があり、いずれも原則、純資産価額により評価される。

D. 比準要素数１の会社とは、類似業種比準価額算出の３つの要素である、直前期の１株当たりの、配当金額、利益金額、純資産価額（帳簿価額）のうちいずれか１つがゼロである会社をいう。

選択肢の説明

A. 不適切。70％以上が判定基準となっているのは、大会社の場合であり、中会社であれば90％以上である。なお、小会社の場合には、卸売業、小売・サービス業、それ以外の３区分ごとに総資産価額に応じて、土地等の保有割合基準が定められている。

B. 不適切。株式保有割合が50％以上であれば、株式等保有特定会社と判定される。

C. 適切。なお、１株当たりの純資産価額の計算においては、経営支配力を持つ株主の議決権割合が50％以下である場合には、20％の評価減の適用を受けることができる。

D. 不適切。比準要素数１の会社とは、類似業種比準価額算出の３つの要素である、直前期の１株当たりの、配当金額、利益金額、純資産価額（帳簿価額）のうちいずれか２つがゼロであり、かつ直前々期において２つ以上の比準要素がゼロである会社をいう。

正解　C

解説　テキスト第3分冊　92頁〜95頁参照

　評価会社の株式を原則的評価方式により評価することになった場合であっても、次の場合には、原則的評価方式によらず特別な評価方法が適用される。

① 清算中の会社…清算の結果、分配を受けると見込まれる金額を課税時期における価値に換算して計算する。ただし、長期にわたり清算中のままであり、分配見込額や分配を受けるまでの期間の算定が困難である場合には、純資産価額によって評価する。

② 開業後3年未満の会社等…原則、純資産価額で評価する。なお、経営支配力を持つ株主の議決権割合が50%以下である場合には、1株当たりの純資産価額の計算において、20%の評価減の適用を受けることができる（③④⑤も同様）。

③ 土地保有特定会社…評価会社の総資産価額に占める土地等（土地、土地の上に存する権利）の保有割合が高い会社をいい、該当するかどうかは相続税評価額ベースの土地保有割合で判定され、純資産価額で評価する。

④ 株式等保有特定会社…評価会社の純資産価額に占める株式等（株式、出資、新株予約権付社債）の保有割合が高い会社をいい、該当するかどうかは相続税評価額ベースの株式保有割合で判定され、純資産価額方式とS1＋S2方式（簡易評価方法）※のいずれか低い方で評価する。

⑤ 比準要素数1の会社…純資産価額（帳簿価額）もしくは純資産価額×0.75＋類似業種比準価額×0.25の折衷価額で評価する。

　※S1＋S2方式（簡易評価方法）とは、株式等とその他の財産に区分して、株式等は株式だけで評価（S2）し、その他の財産はその他の財産だけで評価（S1）したうえで、その両者を合計する連結的評価方式である。

原則的評価方式と特定の評価会社の評価方式

> **問51　相続税または贈与税が課税される場合の取引相場のない株式（自社株）の相続税評価に関する説明について、正しいものはどれですか。**

A．評価会社が中会社に該当する場合、折衷価額方式で用いる類似業種比準価額に乗じる割合は一律75％である。

B．評価会社の総資産価額に占める株式等の割合が40％以上である場合、株式保有特定会社に該当する。

C．評価会社の総資産価額に占める不動産等の割合が50％以上である場合、土地保有特定会社に該当する。

D．評価会社が大会社に該当する場合の取引相場のない株式の評価については、類似業種比準価額方式を採用することができる。

選択肢の説明

A．不適切。評価会社が中会社に該当する場合、併用方式に用いる類似業種比準価額に乗じる割合は、会社の規模により異なる。「中会社の大」では90％、「中会社の中」では75％、「中会社の小」では60％となる。

B．不適切。評価会社の総資産価額に占める株式等の割合が50％以上である場合、株式保有特定会社に該当し、純資産価額により評価される。

C．不適切。評価会社の総資産価額に占める不動産の割合が大会社の場合は70％以上、中会社の場合は90％以上、小会社の場合は総資産価額により70％または90％以上の場合に、土地保有特定会社に該当し、純資産価額により評価される。

D．適切。大会社に該当する場合の取引相場のない株式の評価については、原則として、類似業種比準価額方式により評価する。なお、純資産価額方式により評価した金額が、類似業種比準価額よりも低い場合には、純資産価額を採用することができる。

正解　D

解説　テキスト第3分冊　89頁〜97頁参照

会社の規模などにより採用される評価方式は次のとおりである。

会社規模		評　価　方　式
一般評価会社	大会社	（原則的取扱い）類似業種比準方式 （例外的取扱い）純資産価額方式を選択することもできる。
	中会社	類似業種比準方式と純資産価額方式との折衷価額方式 $\left[\begin{array}{c}\text{類似業種比準価額と純資産}\\\text{価額のいずれか低い価額}\end{array}\right] \times$ Lの割合※＋1株当たり純資産価額× （1－Lの割合） ※評価会社が「中会社の大」では90％、「中会社の中」では75％、「中会社の小」では60％となる。
	小会社	（原則的取扱い）純資産価額方式 （例外的取扱い）次の折衷価額方式を選択することもできる。 類似業種比準価額×0.50＋1株当たり純資産価額×0.50
特定評価会社	株式保有特定会社	会社の規模にかかわらず、総資産価額に占める株式等の割合が50％以上の会社。 純資産価額（または株式により評価する「S1＋S2」方式により計算された株式の価額とのいずれか低い金額）により評価される。
	土地保有特定会社	次のいずれかに該当する場合には、純資産価額により評価する。 ・大会社：土地保有割合が70％以上 ・中会社：土地保有割合が90％以上 ・小会社：総資産価額により70％以上または90％以上

特例的評価方式・種類株式の評価方法

> **問52　特例的評価方式・種類株式の評価方法に関する記述のうち正しくないものはどれですか。**

A．特例的評価方式において、配当還元価額を計算する場合の配当金額は、評価会社の直前期末および直前々期末における1株当たりの配当金額の平均値であり、特別配当金等も含めて計算する。

B．2006年施行の会社法では、多種多様な種類株式の発行が認められるようになり、中小企業の事業承継においてもその活用が期待されている。

C．中小企業の事業承継に活用が想定されている典型的な種類株式には、配当優先の無議決権株式、社債類似株式、拒否権付株式がある。

D．普通株式に優先して剰余金の配当がある代わりに、すべての議決権を行使することができない種類株式を配当優先の無議決権株式といい、原則として普通株式と同様に評価する。

選択肢の説明

A．不適切。特別配当や記念配当など毎期継続しないものは、年配当金額から除いて計算する。

B．適切。

C．適切。

D．適切。

正解　A

解説　テキスト第 3 分冊　95頁〜97頁参照

　経営支配力を持つ株主以外の株主が株式を保有する目的は、もっぱら配当金を受け取ることにあると考えられることから、特例的評価方式（配当還元価額）で原則評価する。配当還元価額は、その評価会社の株式を保有することによって受け取る 1 年間の配当金額を、一定の利率（10%）で割り戻して株式の価額を計算する。配当還元価額よりも原則的評価方式で評価した価額の方が低い場合はその価額を適用することができる。

　中小企業の事業承継に活用が想定されている典型的な 3 つの種類株式の評価方法について、国税庁より「種類株式の評価について（情報）」が下記のとおり公表されている（2007.3.9付）。

第一類型：配当優先の無議決権株式…普通株式に優先して剰余金の配当がある代わりに、すべての議決権を行使することができない種類株式をいい、原則として普通株式と同様に評価する。類似業種比準価額で評価する場合の「1 株当たり配当金額」は種類株式ごとに計算し、純資産価額で評価する場合には、配当優先の有無にかかわらず通常どおりに評価する。なお、一定の要件を満たす場合（届出書の提出等）には、議決権がない点を考慮し、無議決権株式について普通株式評価額から 5 ％を減額し、その額を議決権株式の評価に加算する調整計算を相続時に納税者が選択することができる。

第二類型：社債類似株式…一定期間後に、発行会社が発行価額でその全部を取得（償還）する旨の条件が付された配当優先で無議決権の種類株式をいい、社債に準じた発行価額により評価する。ただし株式であるため発行価額に既経過利息に相当する配当金の加算は行わないこととされ、また上記の調整計算の対象ともならない。

第三類型：拒否権付株式…株主総会などにおける決議事項について拒否権を発動できる種類株式をいい、別名「黄金株」ともいう。拒否権付株式については、拒否権を考慮せずに、普通株式と同様に評価する。

配当還元価額方式

> **問53　取引相場のない自社株の相続税評価の算定方法の一つである配当還元価額方式（特例的評価方式）に関する説明について、正しいものはどれですか。**

A．配当還元価額方式は、評価会社の1株当たりの年配当金額を5％の還元率で割り戻して計算した金額を基に算定する。

B．配当還元価額方式は、評価会社の1株当たりの年配当金額が2円50銭に満たない場合には、2円50銭として計算する。

C．配当還元価額方式は、評価会社の1株当たりの年配当金額には、特別配当や記念配当も含まれる。

D．配当還元価額方式は、株式の取得者が同族株主の場合に適用される評価方法である。

選択肢の説明

A．不適切。この方式は、評価会社の1株当たりの年配当金額を10％の還元率で割り戻して計算した金額を基に算定する。

B．適切。この方式では、評価会社の1株当たりの年配当金額が2円50銭に満たない場合には、2円50銭として計算する。そのため評価会社が無配であったとしても、2円50銭として計算される。

C．不適切。この方式では、評価会社の1株当たりの年配当金額には、特別配当や記念配当といった非経常的な配当金額は含まれない。

D．不適切。配当還元価額方式は、株式の取得者が支配的立場にない株主（同族株主でない株主）の場合に適用される評価方式である。

正解　B

解説　テキスト第3分冊　95頁～96頁参照

　配当還元価額方式とは、特例的評価方式の際に用いられる評価方式であり、会社の配当実績（2年間の平均額）に基づき株価を算出する方式である。

　配当還元価額方式は、株式の取得者が経営支配力のない株主の場合に適用される。なお、配当還元価額方式により計算した金額より、原則的評価方式により計算した金額の方が小さい場合には、原則的評価方式の金額を採用することになる。

　配当還元価額方式による計算方法は、次のとおりである。

配当還元価額：（年配当金額[※1]／10%）×（1株当たりの資本金等の額／50円）

※1　年配当金額：（直前期末以前2年間の配当額×1／2）／直前期末における発行
　　　済株式数[※2]

※2　発行済株式数：「直前期末における資本金額÷50円」で算出した株式数となる。
　　　また、年配当額が「2円50銭未満」の場合または無配当の場合には、年配当金
　　　額を「2円50銭」として計算する。

自己株式

問54　自己株式に関する記述のうち正しいものはどれですか。

A．自己株式は事業承継や少数株主の整理に活用することが期待されているが、M&Aの対価として自己株式を交付することは認められていない。

B．自己株式の取得は制限されておらず、自由に取引ができる。

C．自己株式の「処分」を行うと、自己株式の「消却」を行った場合と同様、発行済株式総数が減少する。

D．自己株式は「金庫株」とも呼ばれる。

選択肢の説明

A．不適切。M&Aにおいても、「株式交付」という手法が制度化されている。

B．不適切。自己株式の取得は、一定の規制の範囲内で認められているが、株主保護と債権者保護の観点から規制が設けられており、自由に取引ができる訳ではない。

C．不適切。自己株式の「処分」とは、会社が取得した自己株式を再度社外の株主へ放出することをいい、発行済株式数は変わらない。なお、自己株式の「消却」を行った場合には、発行済株式総数は減少する。

D．適切。

正解　D

> **解説　テキスト第3分冊　99頁〜105頁参照**

　株式会社は自己株式を取得したり、保有や消却、処分したりすること等により、様々な局面で自己株式を活用している。具体的には、①事業承継、②少数株主の整理、③M&Aの対価、④従業員持株会への株式付与などに活用されている。

① 事業承継…非上場会社の事業承継では、自社株の後継者への承継の際にかかる高額な相続税・贈与税の納税資金確保がポイントとなる。オーナーや後継者が承継する株式の一部を会社に売却し、会社側が自己株式取得の対価として現金を支払う手法が使われることがある（会社の手持ち資金が社外流出する点に留意が必要）。

② 少数株主の整理…会社が自己株式を取得することにより、オーナー一族に議決権を集約し、株主管理の負担を軽減するために使われることがある。

③ M&Aの対価…買手と売手の合意のもとで行われるM&Aに際しては、新株発行によるコスト増や発行株式数増加による株式価値の希薄化を避けるため、その対価として自己株式が利用されることがある。2021年3月からは、株式会社Aが株式会社Bをその子会社とするためにBの株式を譲り受け、この株式の譲渡人に対価としてAの株式を渡す「株式交付」という新たな組織再編行為が制度化された。

④ 従業員持株会への株式付与…株式の付与にあたって、新株の発行に代えて自己株式を処分して付与する方式が使われることがある。

　2001年の商法改正により、株主の利益を保護する「手続規制」と債権者の利益を保護する「財源規制」のもとで自己株式の取得や保有が認められることとなった。自己株式は、長期間保有することが可能となったことから「金庫株」とも呼ばれている。

自己株式の取得

問55　自己株式の取得に関する記述のうち正しいものはどれですか。

A．株式会社は何らの制限もなく自己株式を取得することができる。

B．株式会社が株主との合意により自己株式を取得する場合、すべての株主に平等に売却の機会を与える必要があり、例外はない。

C．株式会社が自己株式を特定の株主から取得する場合は、その特定の株主とそれ以外の株主との平等を図るため、株主総会の普通決議が必要である。

D．株式会社が自己株式を取得できるケースを一部列挙すると、取得条項付株式の取得事由の発生による取得、譲渡制限付株式の買取人に会社がなる場合の取得があげられる。

選択肢の説明

A．不適切。問56「自己株式の取得・処分に関する規制」を参照。

B．不適切。株式会社が特定の株主から自己株式を取得することも認められ、市場買付や公開買付での取得も可能となっている。

C．不適切。株主総会の特別決議が必要。

D．適切。その他の例は解説参照。

正解　D

解説 テキスト第3分冊　100頁〜103頁参照

　自己株式の取得とは、会社が自ら発行した株式を他の株主から取得する行為をいう。従来は、自己株式の取得は、資本充実維持の原則に反すること、株主平等の原則に反することなどを理由に原則禁止されており、例外的に取得した場合であっても保有はできず、取得後すぐに処分する必要があった。しかし、2001年の商法改正により、自己株式の取得について、「手続規制（問56参照）」および「財源規制（問57参照）」を設けつつも、認められるようになった。このため、企業再編や敵対的買収への防衛、事業継承への活用、相続対策、少数株主の整理など様々な目的のために自己株式の取得が利用されるようになった。なお、自己株式の取得には、取得目的、取得数量、保有期間などの規制は課されていない。

　上記商法改正の趣旨を盛り込んだ会社法第155条では、各号で自己株式を取得することができるケースを列挙しており、それ以外は自己株式を取得できないものとしている。以下はその一部を列挙したものである。
- ・取得条項付株式の取得事由の発生による取得（1号）
- ・譲渡制限付株式の買取人に会社がなる場合の取得（2号）
- ・株主との合意による有償取得（3号）
- ・取得請求権付株式の取得（4号）
- ・全部取得条項付種類株式の全部取得（5号）
- ・譲渡制限株式の相続人等に対する売渡請求に基づく買取（6号）
- ・単位未満株式の買取請求に応じた取得（7号）
- ・所在不明株式の売却手続における買取（8号）
- ・他の会社の事業全部の譲受において当該他の会社が有する自己株式の取得（10号）
- ・合併後消滅する会社から自己株式を承継する場合の取得（11号）
- ・吸収分割をする会社から自己株式を承継する場合の取得（12号）

自己株式の取得・処分に関する規制

問56　自己株式の取得・処分に関する記述のうち正しいものはどれですか。

A．2001年の商法改正により、自己株式の取得や保有が認められることとなったが、株主の利益を保護するために、「手続規制」および「財源規制」が設けられている。

B．自己株式は分配可能額の範囲内でのみ取得することができる。

C．自己株式にも配当を受ける権利がある。

D．自己株式にも議決権がある。

選択肢の説明

A．不適切。2001年の商法改正により、自己株式の取得や保有が認められることとなったが、主に株主の利益を保護する「手続規制」と、主に債権者の利益を保護する「財源規制」が設けられている。

B．適切。「財源規制」により分配可能額の範囲内での取得のみが認められている。

C．不適切。自己株式は配当を受けることはできない。

D．不適切。自己株式には議決権はない。

正解　B

解説　テキスト第3分冊　100頁〜103頁参照

　2001年の商法改正により、主に株主の利益を保護する「手続規制」と、主に債権者の利益を保護する「財源規制」のもとで自己株式の取得や保有が認められることとなった。

　株式会社が自己株式を取得できるケースは会社法で限定されており、「株主との合意による取得」と「その他の取得」に大別される。前者の場合、原則として全ての株主に平等に売却の機会を与える必要があるが、特定の株主から取得することも認められており、市場買付や公開買付での取得も可能である。なお、自己株式を取得できるケースとしては、取得条項付株式の取得事由発生、譲渡制限付株式の買取人に会社がなる場合、株主との合意による有償取得、全部取得条項付種類株式の全部取得、相続人等に対する売渡請求に基づく買取、所在不明株式の売却手続における買取などがある。

　通常、株主は剰余金配当請求権や残余財産分配請求権のような自益権と議決権行使等の共益権を有しているが、自己株式にはいずれの権利も付与されていない。

　自己株式の取得にあたっては、会社法は次のとおり厳格な手続規制を課している。
① 全ての株主に平等に売却の機会を与える場合…ａ．原則として株主総会の普通決議で取得する株式数等の取得枠を定める→ｂ．取締役会設置会社では取締役会決議により、非取締役会設置会社では原則として取締役の過半数の決定により、取得する株式数等を取得の都度定める→ｃ．ｂ．の決定事項を株主に通知もしくは公告し、その通知に応じる株主は株式譲渡の申込みを行い、自己株式の取得が成立する。
② 特定の株主から取得する場合…①ａ．の取得枠や「特定の株主」から取得するとの決定に当たり、株主総会の特別決議が必要となる。会社は株主総会に先立ち、他の株主に対して自己を「特定の株主」に加えたものを株主総会の議案とすることができる旨通知しなければならず、通知を受けた株主は「売主追加の議案変更請求権」を有する。
③ 相続人等から取得する場合…会社と相続人等との間で合意により取得する場合に限って、公開会社等を除き、②にある他の株主への通知は不要とされ、売主追加の議案変更請求権の行使もできない。

自己株式取得に関する財源規制

問57　自己株式取得にかかる財源規制に関する記述のうち正しくないものはどれですか。

A. 自己株式の取得は、剰余金の配当と同様に、分配可能額の範囲内でのみ認められている。

B. 自己株式の取得は、実質的に資本の払い戻しである。

C. 分配可能額を超える自己株式の取得が行われた場合、会社に対して取得対価に相当する金銭の支払義務を負うのは、職務を行った取締役のみである。

D. 会社の債権者は、株式を会社に譲渡した株主に対して金銭の支払いを請求することができる。

選択肢の説明

A. 適切。自己株式の取得は主として債権者保護の観点から財源規制がかかっている。

B. 適切。

C. 不適切。会社に対して取得対価に相当する金銭の支払義務を負うのは、株式を会社に譲渡した株主および職務を行った取締役等である。

D. 適切。

正解　C

解説　テキスト第3分冊　103頁参照

　自己株式の取得は、債権者保護の観点から「財源規制」がかかっており、剰余金の配当と同様に、分配可能額の範囲内での取得のみが認められている。これは、自己株式の取得が実質的に資本の払い戻しであるためである。

　分配可能額を超える自己株式の取得がなされた場合、その関係者（株式を会社に譲渡した株主および職務を行った取締役等）は会社に対して取得対価に相当する金銭の支払義務を負うことになり、会社の債権者は株式を会社に譲渡した株主に対して金銭の支払いを請求することができる。

　また、分配可能額の範囲内で自己株式が行われたものの、自己株式の取得が行われた事業年度において欠損が生じることとなった場合には、その職務執行者は、その職務について注意を怠らなかったことを証明しない限り、欠損額を会社に支払う義務を負う。

　なお、①単位未満株式の買取請求に応じた取得（会社法第155条7号）、②他の会社の事業全部の譲受において当該他の会社が有する自己株式の取得（同10号）、③合併後消滅する会社から自己株式を承継する場合の取得（同11号）、④吸収分割をする会社から自己株式を承継する場合の取得（同12号）、⑤その他法務省令で定める場合として例示列挙した株式を無償で取得する場合の取得などは、会社側の意思によらない強制的な取得であるため、財源規制の対象とはならない。

持株会社設立の効果

問58　持株会社に関する記述のうち正しくないものはどれですか。

A．持株会社とは、他の会社の株式を保有することを目的とする会社をいい、「純粋持株会社」と「事業持株会社」がある。

B．持株会社の設立により、持株会社が保有する事業会社株式の株価の評価に関し、株価抑制効果が期待できる。

C．資産管理を目的とする持株会社は、株主構成や役員構成などの機関設計が柔軟に行えることから、経営者やそのファミリーの安定的なライフプランを考えることができる。

D．株式保有を目的とする持株会社は総資産に占める株式等の割合が高く、非上場会社の場合、株式保有特定会社に該当する可能性が高い。株式保有特定会社の評価は、一般的に純資産価額やＳ１＋Ｓ２方式により算出されるため、類似業種比準価額に算出した価額より低くなるケースが多く、相続税評価額の引き下げ効果が期待できる。

選択肢の説明

A．適切。持株会社は「ホールディングス」とも呼ばれている。

B．適切。事業会社の株式を間接保有する持株会社の株式の相続税評価のうち純資産価額は、資産の含み益に対し、法人税相当額37％を控除して評価される。これにより、その分持株会社の株式評価の上昇が抑制され、節税効果が期待できる。

C．適切。株主構成を自由に設計することが可能なため、持株会社の設立時に種類株式などを導入することで、経営と資本の分離が可能となり、相続発生時における株式散逸化を防ぐ効果が期待できる。

D．不適切。類似業種比準価額の計算における純資産価額は、法人税法上の帳簿価額を用いることから、子会社たる事業会社の株式評価額上昇の影響を受けず、株式保有特定会社に該当する場合よりも、相続税評価額の引き下げ効果が期待できるといわれている。

正解　D

解説　テキスト第3分冊　107頁〜109頁参照

　持株会社は事業会社の創業者（オーナー）が事業会社の株式を保有する場合に、後継者への事業承継手法として多用されている。持株会社を活用した事業承継スキームでは、①株価上昇の抑制、②相続発生時における株式分散化の防止、③財産組み替え等による株価の引下げなどの効果が期待されている。

①　株価上昇の抑制…持株会社設立当初は、「事業会社の評価＝持株会社が保有する事業会社の株式評価」であるため節税効果は期待できないが、その後、事業会社の業績好調により生じる事業会社株式の含み益に対しては、法人税相当額37％を控除して純資産価額を評価できる。これにより、持株会社の株式評価額上昇が抑制され、相続税の節税効果が期待できる。

②　相続発生時における株式分散化の防止…持株会社設立により、経営と資本の分離が可能となり、相続発生時において株式散逸化を防止する効果が期待できる。

③　財産組み替え等による株価の引下げ…株式保有を目的とする持株会社は、非上場会社の場合、株式保有特定会社に該当する可能性が高い。その評価は、法人税法上の帳簿価額が使用される類似業種比準価額により算出した価額より高く、相続税評価上は不利なことが多い。これに対し、持株会社において、不動産など株式等以外の資産への投資、事業資産の取得、合併・事業買収などを行うことにより、株式保有特定会社の適用基準から外す対応が考えられる。しかしながら、税務上否認される可能性もあり、長期的な対策が必要である。

持株会社設立の手法・オーナーファミリーとのかかわり

> **問59　持株会社の設立手法やオーナーファミリーとのかかわりについて正しくない記述はどれですか。**

A. 持株会社にオーナーが保有する株式を売却する際に適用される税率（所得税〈復興特別所得税を含む〉と住民税の合計）は、20.315％である。

B. 持株会社はオーナーの資産管理会社としての役割を担うことがあるが、その場合、ファミリーメンバーの持分権や事業への参画のさせ方、事業に関与しないファミリーメンバーへの配慮等について、十分検討しておく必要がある。

C. 持株会社が設立当初オーナーから借入れた資金を代物弁済により返済する場合、帳簿価額により譲渡したものと捉えられるため、譲渡益は生じない。

D. 持株会社では役員報酬を減額してオーナーからの借入金の返済原資とする場合がある。

> **選択肢の説明**

A. 適切。

B. 適切。

C. 不適切。代物弁済は資産を時価により売却したものと捉えられるため、時価が帳簿価額を超える場合にはその差額が売却益となり、法人税の課税対象となる。

D. 適切。

正解　C

解説　テキスト第3分冊　109頁～117頁参照

持株会社設立の代表的な手法として下記のようなものがあげられる。

① 持株会社設立後、事業会社の株主であるオーナーが持株会社へその株式を単純売却する

② ①と異なり、事業会社の株主であるオーナーが持株会社へその株式を現物出資する

　　──①②とも株主個人に譲渡益が生じた場合には20.315％の分離課税の対象となるほか、譲渡価額が時価の1／2未満の場合にはその時価を収入金額とみなし、「株主側にみなし譲渡課税」、「会社側に法人税」が課される点には注意が必要。

③ 会社分割…「分割会社」の事業を新設する「分割承継会社」に承継させる

④ 株式移転…ある会社の発行済株式の全部を新たに設立する株式会社に取得させる（前者を「株式移転完全子会社」、後者を「株式移転完全親会社」と呼ぶ）

⑤ 株式交換…ある会社の発行済株式の全部を他の株式会社に取得させる（前者を「株式交換完全子会社」、後者を「株式交換完全親会社」と呼ぶ）

　　──③④⑤とも、税制上の「適格組織再編」であるか「非適格組織再編」であるかによって、課税関係が異なる点には注意が必要。なお、③④⑤の詳細は問60、問61を参照。

持株会社が資産の取得や運転資金確保のためにオーナーから借入金を提供された場合、返済方法には、「単純弁済」「代物弁済」「債権放棄」「DES（デット・エクイティ・スワップ）」「疑似DES」等がある。持株会社に利益が発生した場合には法人税が課される点には留意が必要である。また、相続発生時にオーナーが貸付金債権を有している場合には、債権として相続財産に含まれる。

持株会社の資金調達先としては金融機関も選択肢となるが、返済原資の検討が不可欠となる。持株会社が事業会社からの受取金配当を原資とする場合、両社の間に完全支配関係があれば、二重課税防止の観点からグループ法人税制が適用される。

持株会社の具体的設立手法（株式交換・株式移転）

問60　株式交換・株式移転について正しくない記述はどれですか。

A．株式交換と株式移転は、いずれも100％親子会社関係を作り出す手法である。

B．株式交換とは、会社間で株式交換契約を結び、株式会社がその発行済株式の全部を他の株式会社に取得させることをいう。完全子会社となる会社の株主が、その有する株式の全部を、完全親会社となる他の会社に譲渡し、その対価として完全親会社の新株発行を受ける。

C．株式移転では、完全子会社となる会社の株主が、その有する株式の全部を新設会社に移転させ、その対価として新設会社から現金を受け取る。

D．株式移転において、株式移転完全親会社、株式移転完全子会社となることができるのは、株式会社のみである。

選択肢の説明

A．適切。

B．適切。

C．不適切。新会社から受け取るのは、新会社が発行する新株である。

D．適切。

正解　C

> **解説**　テキスト第3分冊　110頁～111頁、149頁参照

　株式交換、株式移転は、100%子会社を設立する手法として用いられる手法である。

【株式交換】

　株式交換とは、株式会社がその発行済株式の全部を他の株式会社または合同会社に取得させることをいう（会社法第2条31号）。

　株式交換では、株式交換完全子会社となる会社の株主が、その有する株式の全部を、株式交換完全親会社となる他の会社に譲渡し、その対価として株式交換完全親会社の新株発行を受けることにより、株式交換完全親会社と株式交換完全子会社との間に100%親子関係が形成される。

　株式交換において、株式交換完全親会社となることができるのは、株式会社または合同会社で、株式交換完全子会社となることができるのは、株式会社のみである（同第767条）。

【株式移転】

　株式移転とは、一または二以上の株式会社がその発行済株式の全部を新たに設立する株式に取得させることをいう（同第2条32号）。

　株式移転では、株式移転完全子会社となる会社の株主が、その有する株式の全部を新設会社（株式移転完全親会社）に移転させ、その対価として新設会社の新株発行を受けることにより、株式移転完全子会社と新設会社との間に100%の親子関係が形成される。

　株式移転において、株式移転完全親会社、株式移転完全子会社となることができるのは、株式会社のみである（同第772条1項前段）。

持株会社の具体的設立手法（会社分割）

問61　会社分割について正しくない記述はどれですか。

A. 持株会社は、持株会社設立後に株式を単純売却する手法のほか、会社分割、株式交換、株式移転の手法によって設立することができる。

B. 会社の事業部門の一部を切り分け、その事業に関する権利義務の全部または一部を他の会社に承継させる手法である。

C. 会社分割を行うことができる（分割会社になれる）のは、株式会社のみである。

D. 会社分割を行うにあたっては、税制上の適格要件が重要視され、それが適格組織再編であるか、非適格組織再編であるかによって、課税関係が異なるため、実行にあたっては注意が必要である。

選択肢の説明

A. 適切。

B. 適切。事業承継の局面では、優良事業を会社分割により他の会社に承継させるほか、複数の事業を分割し、複数の後継者に承継させるといったスキームにおいて活用されることがある。

C. 不適切。会社分割を行うことができる（分割会社になれる）のは、株式会社または合同会社である。

D. 適切。

正解　C

> **解説　テキスト第3分冊　110頁、149頁参照**

　会社分割は、会社の事業部門の一部を切り分け、その事業に関する権利義務の全部または一部を他の会社に承継させる方法である。会社分割には、<u>吸収分割</u>と<u>新設分割</u>がある。

　<u>吸収分割</u>とは、株式会社または合同会社がその事業に関して有する権利義務の全部または一部を分割後他の会社に承継させることをいう（会社法第2条29号）。

　<u>新設分割</u>とは、一または二以上の株式会社または合同会社がその事業に関して有する権利義務の全部または一部を分割により設立する会社に承継させることをいう（同第2条30号）。

　会社分割においては、分割会社となることができるのは、株式または合同会社のみであるが、承継会社または設立会社については、会社の種類を問わない。

　事業承継の局面では、①優良事業を会社分割により他の会社に承継させるほか、②複数の事業を分割し、複数の後継者に承継させるといったスキームにおいて活用されることがある。

　会社分割を行うにあたっては、税制上の適格要件が重要視され、それが<u>適格組織再編</u>であるか、<u>非適格組織再編</u>であるかによって課税関係が異なるため、実行にあたっては注意が必要である。

ファミリーガバナンス

> ### 問62　ファミリーガバナンスにおける検討事項として正しくない記述はどれですか。

A. 持株会社においては、株式の取得、移転、処分についての方針を設定しておくことが不可欠である。

B. 後継者と、株式を所有しているが事業に関与していない相続人とは、相互に利害が対立することが多い。

C. 多くのオーナー経営者が後継者の候補者として考えるのは子である。オーナーが推薦する子への承継は、他の条件にかかわらず、周囲の理解が得られやすく、最も望ましい。

D. オーナーの子だからといって、事業への参加を、義務あるいは当然の権利として考えるのではなく、事業へ参加するための諸条件についてルールを定めておくことが重要である。

選択肢の説明

A. 適切。後継者が安定した経営を図るためには、後継者に株式の集中を図ることが重要となる。

B. 適切。保有者の立場により、保有する株式に対する意味が異なるためである。

C. 不適切。子に後継者としての資質や自覚が備わっていない場合には、他の親族、社内、もしくは外部から後継者候補を探すことが望ましい。

D. 適切。資格・能力・会社での地位などについてルールを定めておくことが重要である。

正解　C

> **解説** テキスト第3分冊　112頁～113頁参照

　オーナーが直接保有する事業会社の株式を持株会社に移転すると、持株会社はオーナーの資産管理会社としての役割を担う。その場合、持株会社はオーナーの相続や事業承継対策の一環として利用されることになる。持株会社においては、ファミリーの存続と繁栄、さらには事業や資産を維持するために、ファミリーメンバーの意思統一（ファミリーガバナンス）を図ることを目的として、以下の事項の検討をしておく必要がある。

① 　ファミリーメンバーの持分権
　　後継者が安定した経営を図るためには後継者以外の事業に関与しないファミリーメンバー（後継者以外の相続人等）に配慮しながら、後継者へ株式の集中を図ることが重要となる。

② 　事業に関与しないファミリーメンバー
　　後継者は安定した経営を図るために議決権を重視するが、事業に関与しない相続人は株式固有の財産権のみを重視することが想定される。この利害対立を防止するため、後継者には株式を、経営に関与しない後継者以外の相続人には株式以外の財産を承継させるなど、両者の公平性を確保できるような対策を相続発生前に講じておくことが重要である。

③ 　ファミリーメンバーの事業への参画
　　オーナー経営者の子への承継は、子に後継者としての資質や自覚が備わっていれば、周囲の理解も得られやすい。しかし、オーナーの子だからといって、事業への参加を、義務あるいは当然の権利として考えてはいけない。事業へ参加するための資格・能力・会社での地位などについてルールを定めておくことが重要である。

役員退職慰労金の取扱い

> ### 問63　役員退職慰労金の取扱いに関する記述のうち正しくないものはどれですか。

A. 役員退職慰労金は、支給金額が不相当に高額ではないことが、法人税法上の損金算入要件となっている。

B. 役員死亡時に会社から支給される弔慰金については、明らかに退職金に該当していないと認められれば、金額にかかわらず相続税の課税対象とはならない。

C. 役員退職金を支給するためには定款の定め、または株主総会の決議が必要である。

D. 役員が生前に退職金を受け取る場合は、退職所得にかかる所得税に一定の優遇規定が設けられている。

選択肢の説明

A. 適切。

B. 不適切。弔慰金は、明らかに退職金に該当すると認められる場合に加え、業務上の死亡に関しては「役員報酬額の3年分」、業務上以外の死亡に関しては「役員報酬額の半年分」を超える部分については、相続税の課税対象となる。

C. 適切。実務上、定款で退職金を定めることは稀であり、一般的には株主総会の決議によって決定される。

D. 適切。

正解　B

解説　テキスト第3分冊　119頁〜121頁参照

　役員退職慰労金は、支給金額が不相当に高額ではないことが、法人税法上の損金算入要件となっている。「不相当に高額」という金額の判定は、その役員の業務に従事した期間（勤務年数）、退職の事情、その法人と同種の事業を営む法人で事業規模が類似するものの役員の退職給与の支給の状況等に照らし、相当と認められる金額を超えたか否かによって行われるとされている。

　役員退職慰労金規程を作成する場合、法人税法上損金算入が認められる金額を次の計算式により算出するケースが一般的である。なお、功績倍率は役位別の係数を使用するのが一般的であるほか特別功労金は税務上の過大退職金判定の別枠とはならないことに留意が必要である。

（役員の最終報酬月額×勤続年数×功績倍率）＋特別功労金

　死亡退職金は、みなし相続財産として相続税が課税されるが、非課税枠があり納税資金の確保に有効である。

　生前に退職金を受け取る場合は、退職所得として所得税の課税対象となるが、退職所得は、勤続年数に応じて退職所得控除があること、所得金額は退職所得控除後の1／2の金額となること、他の所得と分離して課税されることなど、他の所得と比較して優遇されている。

　その計算方法は、退職所得の金額＝（収入金額－退職所得控除額）×1／2となる。

　なお、役員勤続年数5年以下の人が、その年数に対応して支払を受けるものを「特定役員退職手当等」といい、これに該当する場合は、退職所得を1／2とする優遇措置は適用されない。また、退職所得控除額は、勤続年数が20年以下か超かによって異なる。

役員退職慰労金支給と株価の関係、財源としての保険金の活用

問64　役員退職慰労金の支給に関する記述のうち正しいものはどれですか。

A. 職務変更等で役員退職金を支給する際、「代表権を持たない役員」に職務変更を行うことにより、税務上の損金算入要件は満たされる。

B. 生前の役員退職金が損金に算入され、法人税法上の利益が引き下げられても株価が下がることはない。

C. 保険契約の中途解約金を受け取り退職金の原資とする場合、中途解約率に留意し検討する必要がある。

D. 生命保険契約の区分によらず、契約者＝法人の生命保険については保険料のすべてが損金算入できる。

選択肢の説明

A. 不適切。分掌変更に伴う役員退職金の支給が税務上、役員退職金として認められるためには、形式要件と実質要件を全てクリアする必要がある。役員退職金扱いが否認された場合には、会社側は退職金が賞与とみなされ損金計上ができないほか、所得税等の源泉徴収を行う必要がある。一方、役員側は給与として他の所得と合算して確定申告を行う必要がある。

B. 不適切。損金算入が認められ、利益が引き下げられると株価が下がることがある。

C. 適切。

D. 不適切。保険の種類によって、全額損金算入するもの、1／2損金算入するものなどがある。

正解　C

解説　テキスト第3分冊　121頁〜127頁参照

　生前に役員退職金を支給すると、類似業種比準価額を算出する際に用いられる3要素のうち、「利益」および「純資産価額（帳簿価額）」が減額され、非上場株式の評価額が下がることが多い。死亡退職金を支給すると、相続人等への支給が確定した死亡退職金は、株式評価上負債（未払退職金）として計上ができ、純資産価額を引き下げることが可能である（類似業種比準価額については株価算定の基礎となる、直前期の利益、純資産価額に影響がなく評価額は不変）。なお、死亡退職金を支給することにより、相続人等にとっては、相続税の納税資金として役立てることも可能となる。

　法人が経営者を被保険者として生命保険契約を締結した場合に受け取る死亡保険金は、相続人の納税資金の財源として活用できるほか、保険料の損金算入割合が高い生命保険契約を活用すれば、損金となる保険料が社外流出するため、株式評価上、純資産価額や類似業種比準価額を引き下げる効果がある。生命保険の保険料については、法人税法上、損金算入できるものと資産計上すべきものとに大別され、前者の効果が期待できる代表的な保険商品は次のとおりである。

① 定期保険…保険期間内に被保険者が死亡した場合等に保険金が支払われる保険で、満期保険金はない。法人契約における「定期保険の保険料」は、原則として期間の経過に応じて損金になるが、最高解約返戻率の区分に応じてより高い割合で資産計上が必要となる場合がある。

② 養老保険…資産性が高く、法人契約の場合には資産計上しなければならない。ただし、契約の継続性、普遍的加入、福利厚生規程の作成等一定の要件を満たした「福利厚生プラン」としての性格を持つものは、支払保険料の2分の1を損金算入することができる。

退職慰労金の財源

> **問65　退職慰労金の財源となる保険に関する記述のうち誤っているものはどれですか。**

A. 退職慰労金の財源として使用される定期保険は損金算入が可能であるが、税制改正に基づき2019年7月8日以後の契約のうち、前払部分の保険料が極めて多額になると認められる最高解約返戻率85％超の定期保険契約および第三分野保険については、より高い割合で資産計上することとなった。

B. 養老保険を退職慰労金の財源とする場合、一定の要件を満たせば損金算入が可能であり、例えば法人が保険金受取人となる場合には、原則として支払保険料の1／2を損金算入することができる。

C. 役員等を被保険者とする終身保険は、貯蓄性を有する保険であるため、法人が保険金受取人であれば、支払保険料は保険積立金といった勘定科目で資産計上すべきと考えられる。

D. 退職慰労金の支払原資を確保するために生命保険に加入することが有効な方法として一般的に行われてきたが、近年では、確定拠出年金や株式報酬制度を活用した対応も行われるようになってきた。

選択肢の説明

A. 適切。最高解約返戻率の区分に応じた具体的な資産計上ルールは解説参照。

B. 不適切。養老保険は貯蓄性が高いことから、満期保険金の受取人が法人であれば、法人による預金という性格と大差がないため、支払保険料の全額または一部は損金にはならず、「保険積立金」といった勘定科目で資産計上することが原則的な取扱いとなる。

C. 適切。

D. 適切。その背景としては、確定拠出年金の普及や業績連動や株価連動によるインセンティブ報酬制度の広がりが指摘できる。

正解　B

解説 テキスト第3分冊 124頁～127頁参照

① 法人契約の定期保険（被保険者：役員または従業員）の課税関係は次のとおりである。

死亡保険金の受取人	保　険　料
法　　人	全額経費（損金）[※1]
被保険者の遺族	全額経費（損金）[※1] [※2]

※1 定期保険は養老保険とは異なり、原則として掛け捨てで貯蓄性のない保険であるため、定期保険の支払保険料は損金算入されるが、保険料に相当多額の前払部分の保険料が含まれる場合は、一定の金額を資産計上する場合がある。詳細は下表参照。

※2 特定の役員および従業員のみを被保険者とする、あるいは受取人として契約する保険については、これらの者に対する給与として所得税が課税される可能性がある。

最高解約返戻率	資産計上期間	資産計上額	取崩期間
50％以下	—	全額損金のためなし	—
50％超70％以下	契約日から保険期間の当初の4割に相当する期間まで	当期支払保険料の40％[※]	保険期間の3／4相当期間経過後から保険期間満了まで
70％超85％以下		当期支払保険料の60％	
85％超	①から③のいずれかの期間 ① 契約日から最高解約返戻率となる最も遅い期間まで ② ①の期間経過後において「解約返戻金の増加分÷年換算保険料相当額」が7割超となる期間がある場合は、契約日からその最も遅い期間まで ③ ①又は②の期間が5年未満の場合は、5年間（保険期間が10年未満の場合は、保険期間の1／2の期間）	・契約日から10年目まで 最高解約返戻率×0.9 ・契約日から11年目以降 解約返戻率×0.7	解約返戻金額が最高となる最も遅い期間（左記③に該当する場合は③の期間）経過後から保険期間満了まで

※被保険者一人あたりの年換算保険料相当額が30万円以下となる契約は、全額損金算入が可能。

② 法人契約の養老保険（被保険者は役員または従業員）の課税関係は次のとおりである。

保険金受取人		主契約保険料
死亡保険金	満期保険金	
法　　人	法　　人	資産計上
被保険者の遺族	被保険者	被保険者への給与
被保険者の遺族	法　　人	１／２資産計上
		１／２経費（損金）

③ 法人契約の終身保険（被保険者は役員または従業員）の課税関係は次のとおりである。

区分	死亡保険金の受取人	主契約保険料
普通終身保険	法　　人	資産計上
	被保険者の遺族	被保険者への給与

株式報酬制度─株式交付信託

> **問66 株式報酬制度に関する記述のうち正しくないものはどれですか。**

A. 会社業績に連動する報酬として株式報酬制度の導入が進んでいるが、主な制度を挙げれば、ストック・オプション、リストリクテッド・ストック、ファントム・ストック、株式交付信託などである。

B. 株式報酬制度のうち、株式交付信託は、受託者である信託銀行が、委託者である法人から信託された金銭等を原資として市場から自社株式を購入し、役員に自社株式を付与する取引をいう。

C. 株式交付信託は、役員の株式処分に関しインサイダー取引の懸念が生ずることを避けながら、インセンティブとしての自社株式の管理・交付を行うことができる点にメリットがあると考えられている。

D. 株式交付信託の中には、役員の退職時に退職金として交付するタイプのもの（「退職時給付型」という）があり、その交付株式に係る費用は、業績連動給与に該当するものを含め、原則として退職給与として取り扱われ、損金に算入される。

選択肢の説明

A. 適切。

B. 適切。

C. 適切。上場会社にとっては、役員が株式を処分するタイミングでインサイダー取引規制に抵触する懸念が生じることが多いため、株式交付信託の導入が進んでいる。

D. 不適切。2017年の税制改正により、役員の退職時に退職金として交付するタイプの株式交付信託（「退職時給付型」という）については、その交付株式に係る費用は、原則として退職給与として取り扱われるが、業績連動給与に該当するものについては、一定の損金算入要件を満たす必要があることとなった。

正解　D

解説 テキスト第3分冊　128頁参照

株式交付信託の基本的なスキームは下記のとおりである。

① 会社は委託者となり、信託銀行などの受託者へ株式取得資金として金銭を交付する。
② 受託者は、株式市場より株式を取得する。
③ 会社は受益者（役職員）の業績への貢献度合いや勤続年数などに応じて、株式を取得するポイントを付与する（同時に受益者は、会社側から業績ポイントに応じた信託受益権を取得する）。
④ 受託者は、信託管理人からの指図によって、受益者にポイントに応じて株式を交付する。
　※信託が終了するまでの期間、上記の②～④を繰り返す。
⑤ 受益者は、交付された株式を売却して利益を獲得する。

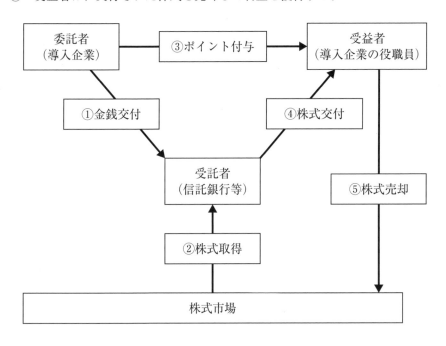

事業承継税制

> **問67　事業承継税制に関する記述のうち正しくないものはどれです
> か。**

A．事業承継税制とは、後継者が先代経営者から相続・贈与により株式を取得
　　し、その会社を継続していくときに、一定の要件下で、贈与税・相続税の
　　納税が猶予・免除される制度をいう。

B．事業承継税制の特例措置には承継計画の提出期限は設けられていない。

C．事業承継税制の特例措置の適用の対象となる株式数の制限はない。

D．納税猶予期間中は、年次報告書を毎年都道府県知事に提出する。

選択肢の説明

A．適切。

B．不適切。特例措置は時限立法のため、2018年4月1日から、2024年3月31
　　日までの間に承継計画を提出しなければならない。

C．適切。一般措置が全株式数の最大2／3までを対象としている一方、特例
　　措置は全株式を対象としている。

D．適切。

正解　B

解説　テキスト第3分冊　129頁〜133頁参照

事業承継税制の適用を受けるための要件は次のとおりである。

① <u>会社の主たる要件</u>…経営承継円滑化法の認定を受けた会社で、贈与・相続時において、上場会社、風俗営業会社、資産保有型会社（一定の要件を満たすものを除く）のいずれにも該当しないこと。中小企業者であること。

② <u>先代経営者の主たる要件</u>…（贈与税・相続税共通）会社の代表者であったこと、贈与・相続の直前に現経営者と現経営者の親族等で総議決権数の過半数を保有し後継者を除いたこれらの人の中で筆頭株主であったこと。（贈与税）贈与時に対象会社の代表権を有していないこと。

③ <u>後継者の主たる要件</u>…（贈与税・相続税共通）相続開始時または贈与時において、後継者と後継者の親族等で総議決権数の過半数を保有し原則としてこれらの人の中で筆頭株主であること。（贈与税）贈与時に18歳以上、贈与直前において3年以上役員であり代表者であること。（相続税）相続開始直前に役員であり、相続開始から5か月後までに代表者であること。

　2018年度税制改正により、「一般措置」に加え、10年間の措置として、納税猶予対象となる非上場株式等の制限撤廃や、納税猶予割合の引上げ等を盛り込んだ「特例措置」が創設された（下表参照）。

項　　　目	特　例　措　置	一　般　措　置
事前の承継計画提出等	2018/4/1〜2024/3/31	不要
贈与・相続等の適用期限	2018/1/1〜2027/12/31	なし
対象株数	全株式	総株式数の最大2／3まで
納税猶予割合	100％	贈与税：100％、相続税：80％
承継パターン	複数の株主から最大3人の後継者	複数の株主から1人の後継者
雇用確保要件	弾力化	承継後5年間　平均8割の雇用維持が必要
事業継続が困難な事由が生じた場合の免除	あり	なし
相続時精算課税の適用	60歳以上の者から18歳以上の者への贈与	60歳以上の者から18歳以上の推定相続人・孫への贈与

MBOについて

> ### 問68　MBOに関する記述のうち誤っているものはどれですか。

A．MBOとは、Management Buy Outの略であり、親族外の経営陣による企業買収をいう。MBOには、経営に関与していた者が事業を引き継ぐこと等により企業理念や信条の継承が可能となるが、資金調達方法については、事前の十分な検討が必要である。

B．経営陣がオーナーの株式を引き継ぐためには、株式を購入する資金が必要となる。主たる資金調達手段としては、後継者自身が資金を用意するケース、投資ファンドと合同でMBOを行うケース、金融機関が資金の貸し手となるケース、などがある。

C．オーナーが保有する株式を当該企業に譲渡し、その結果、残った株主（＝後継者）が主たる株主となる承継方法もあるが、オーナーから当該企業への自己株式の譲渡となり、税務上、オーナーはみなし配当を受けた形となることが多い。みなし配当による配当所得には非上場株式であっても源泉分離課税が行われる。

D．MBOが成功するためには、円滑に株式移動を行えるかという点に加え、MBO後においても、従業員のモチベーション維持などの社内マネージメント、金融機関・取引先からの信用力維持、オーナーおよびその一族のフォロー、などが重要な事項となる。

> ### 選択肢の説明

A．適切。

B．適切。

C．不適切。譲渡したのが非上場株式の場合は、配当所得は他の所得と合計して総合課税され、その金額に応じて累進課税（約15％～55％の所得税及び復興特別所得税・住民税の課税）となる。

D．適切。MBO後には、経営者としての活動がなくなり社会との関わりが薄まることがある。とくにファミリービジネスの場合、事業の売却が一族の結束を弱めることにもなりかねない。プライベートバンカーは、事業売却後を見据え、旧オーナーやその一族の理念（ファミリーミッション）を再

確認し、資産の管理・運営を一族が能動的に継続できるようにサポートしていくことが重要である。

正解　C

解説　テキスト第3分冊　138頁〜145頁参照

　非上場会社のMBOの場合、オーナーは株式を高額で売却するよりも、自身の企業が後継者によって安定的に経営され、株式が後継者に円滑に移転されることを望んでいるケースが多い。この場合、税金問題をクリアすることが、オーナー・後継者双方にとって有用であり、非上場株式の評価方法が重要となる。MBOにおける株式移転については、税務上の価額を意識して計画を立案することが重要である。

　事業承継税制とは、一定の要件を満たして後継者が株式を引き継いだ場合、株式の引き継ぎにかかる相続税・贈与税の納税猶予・免除を受けることができる制度であり、親族ではない後継者への株式の承継でも適用は可能である。「特例措置」では、推定相続人以外の者に対しても相続時精算課税の適用が可能になったことから、次世代への円滑な事業承継のために活用されることが期待されている。

MBO後の留意点

問69　MBO後の留意点に関する記述のうち誤っているものはどれですか。

A. 後継者は、常に従業員とコミュニケーションをとり、必要に応じて事業計画や財務状況などについて情報開示することにより、従来どおりの安心感を持たせることが重要となる。

B. 従業員持株会を設置することで、従業員＝株主となり、会社の業績が上がることにより、持株配当をより多く得られることになり、仕事へのモチベーションアップが期待できる。

C. 経営者・株主が異動することにより、金融機関での信用格付けの低下を招かないようにしなければならないが、必ずしも金融機関に経営計画や業績の報告を行う必要はない。

D. 取引先に対しては、従来と同様の納期管理や品質管理を徹底して、信頼関係を維持する必要がある。

選択肢の説明

A. 適切。経営者・オーナーが変わったことにより求心力が小さくなる結果、従業員のモチベーションが下がり、経営に影響することがあるため、これを回避するための措置である。

B. 適切。

C. 不適切。金融機関での信用格付けを低下させないようにするため、金融機関に対して経営計画や業績の報告を適時かつ適切に行う必要がある。

D. 適切。

正解　C

> **解説　テキスト第3分冊　142頁〜143頁参照**

MBO後の留意点を整理すると、以下の点があげられる。

① 従業員のモチベーション

　経営者が変わったことにより、経営者への求心力が小さくなった結果、従業員のモチベーションが下がり、経営に影響することがある。後継者は、常に従業員とコミュニケーションをとり、必要に応じて事業計画や財務状況などについて情報開示を行うことにより、従来どおりの安心感を持たせることが重要となる。

② 外部からの信用力の維持

　金融機関における信用格付けを低下させないようにするため、金融機関に対しては経営計画や業績の報告を適時かつ適切に行う必要がある。

　また、取引先に対しては、従来と同様の納期管理や品質管理を徹底すること等により、信頼関係を維持する必要がある。

　以上のように円滑に事業を遂行させるため、MBOが完了して経営権が新経営陣に移動した後も、一定の期間、旧オーナーが会社顧問や相談役などの立場で引き続き会社に留まることも考えられる。

③ 旧オーナーのフォロー

　退職した旧オーナーは収入が激減することも考えられる。適切なライフプランニングを通じ、将来を見通した的確なアドバイスを行うことが重要である。

M&Aの手法

問70　M&Aの手法に関する記述のうち正しいものはどれですか。

A. M&Aは、Mergers and Acquisitions の略称で、直訳すれば「合併および買収」となるが、実際には様々な手法が用いられており、経済的利益を生み出す事業活動を行う財産や組織を有機的な一体として企業間でやり取りする取引であるといえる。

B. M&Aの手法の一つに、「会社の売手となる経営者が、自己の保有している会社の株式を買手である後継者に売却する」株式譲渡という手法がある。この手法は後継者にとって、簿外債務や偶発債務が引き継がれないというメリットがある。

C. 会社の事業譲渡に際して、譲渡会社においては、原則として株主総会の普通決議が求められる。

D. 会社の事業の全部を譲り受ける場合、その事業にかかる債権や債務は、その一切が譲受会社に引き継がれることとなる。

選択肢の説明

A. 適切。事業の経営権を第三者に引き継ぐM&Aには、従来、否定的なイメージが持たれることが多かった。しかし、長年の努力により成長してきた事業の価値が、社外の第三者からも評価され受け入れられることは、現経営者にとっては喜ばしいことであるうえ、事業が存続することにより、従業員の雇用や仕入先・得意先などとの取引関係を維持できることにも、大きな意義があると考えられるようになってきた。

B. 不適切。株式譲渡の場合、後継者には簿外債務や偶発債務をはじめ、基本的に対象会社のすべての権利義務関係が維持されたまま引き継がれるというリスクがある。

C. 不適切。原則として株主総会の特別決議が必要となる。

D. 不適切。事業の全部の譲受の場合であっても、その事業に属する個々の債権や債務を譲受会社に引き継ぐためには、その個々の債権および債務ごとに、債権譲渡ないし免責的債務引受の手続を経る必要がある。

解説　テキスト第3分冊　146頁〜149頁参照

　M&Aには、事業の価値が第三者から評価され、従業員の雇用や仕入先・得意先などとの取引関係を維持できるという意義がある。主たるM&Aの手法は次のとおりである。

① 株式譲渡…会社の株主が現経営者から後継者に変更されるのみであるため、事業の円滑な承継が可能で手続も簡便という利点がある一方、譲渡後、簿外債務や偶発債務をはじめ、基本的に対象会社のすべての権利義務関係が維持されたまま引き継がれるというリスクがある。なお、多くの中小企業は定款で株式譲渡制限を規定しているため、株式譲渡に当たり株主総会（取締役会設置会社では取締役会）の決議が必要となる。

② 事業譲渡…資産・負債が個別に移転されるため、簿外債務や偶発債務が引き継がれることを防ぐことができるが、契約の再締結や許認可が必要となることがあり、手数がかかる。

③ その他の手法
　a. 合併…多くの場合、合併により消滅（解散）する会社の株主はその会社の株式と引換えに存続する会社の株式を取得する。
　b. 株式交換・株式移転…100％親子会社関係を作り出す手法。
　c. 会社分割…会社の事業部門の一部を切り分け、その事業に関する権利義務の全部または一部を他の会社に承継させる手法。

M&Aの手順

問71　M&Aの手順に関する記述のうち正しいものはどれですか。

A. 事業承継の選択肢の一つとしてM&Aの可能性を考えた経営者は、まずは自分で買い手を探し出し、その目途がついてから、専門的支援機関に相談するというのが、一般的な進め方である。

B. M&Aの売り手と買い手がおおむねの条件で合意に達した場合には、基本合意書を締結して最終的な条件を詳細に検討するフェーズへと移行する。これ以降、情報管理が重要となるため、買い手、売り手、M&A支援業者は相互に秘密保持契約を締結するのが一般的である。

C. 事業承継M&Aにより、従業員や取引先が受ける影響は小さくないことから、これらの事業関係者との間では、なるべく早い段階からその計画の見通しを共有しておくべきである。

D. 基本合意書において留保されていた事項について決定し最終契約書を作成・締結を行う。その後、譲渡対価の決済、資産などの移転や登記の変更といった手続きを実行し、M&Aはクロージングを迎える。

選択肢の説明

A. 不適切。M&Aを事業承継の選択肢と考えた経営者は、まずは専門的なアドバイスを求めるために支援機関に相談し、意思決定の判断材料を集めることが重要である。

B. 不適切。秘密保持契約は、M&A専門業者が買い手の候補先を絞り込んだ後、情報交換や条件の確認など、M&Aのプロセスを円滑に進めていくために締結されるものであり、基本契約書の締結前に結ばれる。

C. 不適切。M&Aの条件については、最終契約の締結までに行われる交渉やデューディリジェンスの結果により変更され得る。不確定な情報が流出することは当事者企業にとって有害であるため、一部の関係者を除いては、条件が確定するまで情報を共有すべきではない。

D. 適切。M&Aが無事にクロージングを迎えた後も、形の上では一つになった組織が期待されたシナジー効果を生み出していくために、もともとは異なる背景・文化を持っていた複数の組織が真に一体となることができるよ

うな、組織の統合のための努力も不可欠となってくる。

正解　D

解説　テキスト第 3 分冊　149頁〜152頁参照

M&A実施の手順は一般的に次のとおりである。

M&Aの手続きを進める意思決定・アドバイザーの決定	・M&Aを事業承継の方法として選択することを決定 ・支援機関等と相談しアドバイザーを決定
マッチング	・買い手候補（ロングリスト）の中から候補先を数社に絞る ・ノンネームシートを使用し、買い手候補へ匿名で打診 ・秘密保持契約を締結し、買い手へ企業概要書を開示
基本合意書の締結	・トップ同士が面談 ・買い手から意向表明書を受領 ・基本合意書の締結（買い手に独占交渉権が付与される）
デューディリジェンスの実施	・買い手が売り手について、ビジネス、財務・税務、法務等の面から各種調査を行う
クロージング	・デューディリジェンスの結果に基づき最終条件交渉 ・最終契約締結 ・代金決済、登記等の諸手続き
ポストM&A	・売り手、買い手双方で、経営戦略、販売・仕入体制、労務管理、情報システム等の統合作業を実施

M&Aを検討するにあたってのポイント

問72　M&Aを検討するにあたってのポイントについて誤っているものはどれですか。

A．M&Aは売り手側の意思決定だけで実現できるものではなく、企業価値を損なわず円滑な引き継ぎを行うためには、時間的に余裕のある段階から検討を深めておくことが重要である。

B．M&Aの実施にあたっては、全体を通じて秘密の厳守、情報漏洩の防止が極めて重要であり、社内の人間であってもできるだけ人数を限定して情報共有を図る必要がある。その一方、社外の主要取引先や金融機関に対しては、影響の大きさに鑑み、できるだけ早い時期から状況説明をすべきである。

C．財務諸表の精査だけでなく、財務諸表に表れない事業価値を文書化し目に見える形にしておけば、買い手候補に対し、譲渡対象企業の価値を効果的にアピールすることができる。

D．M&Aの手法や事業譲渡に関しては、引継ぎの対象とする事業の範囲、譲渡対価といったことを事前に検討しておけば、論点が明確になり、買い手と円滑に交渉を進められることが期待できる。

選択肢の説明

A．適切。

B．不適切。取引先、金融機関に対しても、不確実な情報が流出することは回避すべきである。基本契約条件等を確認し、支援機関と相談のうえ、状況説明を行う適切なタイミングを選ぶ必要がある。

C．適切。

D．適切。

正解　B

解説　テキスト第 3 分冊　152頁〜154頁参照

　M&Aを検討するにあたってのポイントは下記のとおりである。

①　<u>早期準備の重要性</u>…M&Aには、場合によっては、事業内容の整理、強み
　　やリスクの把握等に時間をかけて取り組む必要があるうえ、売り手・買い
　　手のマッチングには数か月〜数年単位を要することが一般的とされている。
　　時間的余裕があれば、望ましい条件でM&Aが成約できる途が開かれるほ
　　か、事業継続困難となった場合でも、廃業への道筋を立てることができる。

②　<u>秘密保持・情報漏洩防止の重要性</u>…M&Aのプロセス全体を通じて秘密の
　　厳守、情報漏洩の防止が極めて重要であり、売り手企業は支援機関や交渉
　　相手との間で秘密保持契約を締結するほか、事業関係者であっても情報共
　　有にはその範囲・タイミングに細心の注意を払う必要がある。

③　<u>事業内容の整理・強みとリスクの把握</u>…財務諸表に加え、財務諸表には表
　　れない事業価値（サプライチェーン、従業員の技術・ノウハウ）を文書化
　　しておくことで、買い手候補に効果的アピールをすることができるほか、
　　経営改善に繋げることも期待できる。

④　<u>希望条件の検討</u>…M&Aの手法や事業譲渡の場合であれば引継ぎの対象と
　　する事業の範囲、譲渡対価、従業員の雇用継続、M&A後の現経営者の事
　　業関与への希望、等を事前に検討しておけば、論点が明確になり、買い手
　　と円滑に交渉を進められることが期待できる。

M&A実施の流れ

問73　M&Aの流れに関する記述のうち正しいものはどれですか。

A．M&A専門業者には、仲介者やFA（フィナンシャルアドバイザー）と呼ばれる者がおり、どちらも売り手、買い手の間を仲介し、手続きが円滑に進められるようサポートを行う。

B．M&A専門業者は、買い手候補のリストアップ（ロングリストと呼ばれる）→買い手候補に対し売り手の名称は伏せたうえで事業の概要を記載した提案書（ノンネームシート）の提示→秘密保持契約を締結した買い手候補に対し、売り手の詳細な事業情報（インフォメーションメモランダム）を提示しM&Aが可能かどうかの検討を依頼→M&Aに関心を示した買い手候補からの自身の概要、M&Aの条件等を記載した意向表明書の提出→基本合意書締結→売り手・買い手の面談による条件の擦り合わせ、といった手順で手続を進めるのが一般的である。

C．デューディリジェンスにおいては、ビジネス・法務などの角度からM&Aの適否が検証されるが、財務については決算書の提出で済まされることが一般的である。

D．M&Aの各ステップにおいて、支援機関はそれぞれの得意分野を活かした支援サービスを行うが、プライベートバンカーには、支援機関の特性を理解し、適切に情報共有を図り、連携体制を構築することにより、円滑なM&Aの遂行をサポートすることが期待されている。

選択肢の説明

A．不適切。FAは売り手または買い手のいずれか一方と契約し、契約当事者の意向を重視し、契約当事者の利益につながるサポートを行う。

B．不適切。売り手・買い手の面談による条件の擦り合わせを経て、おおむねの条件で合意した場合に、基本合意書が締結される。

C．不適切。主に公認会計士によって、売り手の財務状況や収益力などの分析を通じて、M&Aの対価の妥当性や、不正会計処理、簿外債務等リスクとなる要素の有無の確認など、仔細にわたり財務デューディリジェンスが実施される。

D. 適切。

正解　D

解説　テキスト第3分冊　155頁〜161頁参照

　M&A実施に関し、<u>一般的な流れ</u>は下記のとおりである。

① 　情報収集のための支援機関への相談
② 　M&A専門業者との契約
③ 　株式評価
④ 　買い手の選定
　・ロングリストの作成
　・ノンネームシートによる提案
　・インフォメーションメモランダムの提示・検討
　・意向表明書の提出
　・売り手と買い手の面談実施
⑤ 　基本合意書の締結
⑥ 　デューディリジェンスの実施
⑦ 　最終契約、クロージング

企業価値の算定方法

問74　M&A取引実務における企業価値の算定方法に関する記述のうち正しいものはどれですか。

A. 中小の非上場企業のM&A取引実務では、企業価値の算定は、インカム・アプローチで行われるのが一般的である。

B. インカム・アプローチは、主として会社の貸借対照表の純資産に注目して評価する方法である。時価情報が取りやすい状況であれば、客観性に優れている方法でもある。

C. マーケット・アプローチは、上場している同業他社や類似取引事例など、類似する会社、事業、ないし取引事例と比較することによって相対的に価値を評価する方法である。市場での取引環境の反映に優れている。

D. コスト・アプローチは、評価対象会社から期待される利益、あるいはキャッシュ・フローに基づいて価値を評価する方法である。将来の収益獲得能力や固有の性質を評価結果に反映させる点で優れている。

選択肢の説明

A. 不適切。中小の非上場企業のM&A取引実務では、企業価値の算定は、一般的には、ひとつの方法によるのではなく、インカム・アプローチ、マーケット・アプローチ、コスト・アプローチの3つの方法を用いて行われている。

B. 不適切。コスト・アプローチ（ネットアセット・アプローチ）の説明である。

C. 適切。

D. 不適切。インカム・アプローチの説明である。

正解　C

> ### 解説　テキスト第３分冊　162頁〜163頁参照

　中小の非上場企業のM&A取引実務における企業価値の算定方法を整理すると、一般的には、<u>インカム・アプローチ</u>、<u>マーケット・アプローチ</u>、<u>コスト・アプローチ（ネットアセット・アプローチ）</u>の３つがある。

① 　インカム・アプローチ
  ・評価対象会社から期待される利益、あるいはキャッシュ・フローに基づいて価値を評価する方法である。
  ・将来の収益獲得能力や固有の性質を評価結果に反映させる点で優れている。
  ・代表的手法としては、DCF法（割引キャッシュ・フロー法）があげられる。

② 　マーケット・アプローチ
  ・上場している同業他社や類似取引事例など、類似する会社、事業、ないし取引事例と比較することによって相対的に価値を評価する方法である。
  ・客観性や市場での取引環境の反映に優れている。
  ・代表的手法としては、マルチプル法があげられる。

③ 　コスト・アプローチ（ネットアセット・アプローチ）
  ・主として会社の貸借対照表の純資産に注目して評価する方法である。
  ・帳簿作成が適正で時価など情報が取りやすい状況であれば、客観性に優れている方法である。
  ・代表的手法としては、純資産法、のれん代法（問76の解説参照）があげられる。

企業価値算定上の留意点

問75　M&A取引実務での企業価値算定上の留意点に関する記述で正しくないものはどれですか。

A．M&Aを行う場合、売り手側と買い手側で企業価値の評価額が異なる場合がある。

B．M&Aを行う場合、売り手側と買い手側に情報の非対称性が存在する。

C．シナジー効果とは、二つ以上の企業ないし事業が統合して運営される場合の価値が、それぞれの企業ないし事業を単独で運営するよりも小さくなる効果をいう。

D．シナジー効果の種類としては、売上シナジー、コストシナジー、研究開発シナジー、財務シナジーなどがある。

選択肢の説明

A．適切。企業価値の絶対的な評価方法というものはない。

B．適切。

C．不適切。シナジー効果とは、二つ以上の企業ないし事業が統合して運営される場合の価値が、それぞれの企業ないし事業を単独で運営するよりも<u>大きく</u>なる効果をいう。

D．適切。

正解　C

解説　テキスト第3分冊　163頁〜164頁参照

① 　企業価値評価額の相違

　　M&Aを行う場合における企業価値の評価方法には、絶対的な評価方法というものはない。売り手側は会社をできるだけ高く売りたい、買い手側はできるだけ安く買いたいと考えるのが通常である。

　　このため、売り手側と買い手側で企業価値の評価額が異なる場合がある。

② 　情報の非対称性

　　M&Aを行う場合、買収先の企業の中身については、当然のことながら売り手側がより多くの情報を有している。一方で、買い手側は緊密な取引先でもない限り、売り手側の内情を全く知らないケースが殆どである。

　　このため、売り手側と買い手側の情報の非対称性が存在することになる。

③ 　シナジー効果（相乗効果）

　　シナジー効果とは、二つ以上の企業ないし事業が統合して運営される場合の価値が、それぞれの企業ないし事業を単独で運営するよりも大きくなる効果をいう。

　　シナジー効果の種類としては、以下のようなものが考えられる。

・売上シナジー……クロスセリング、販売チャネルの拡大など

・コストシナジー……営業拠点の統廃合、生産拠点の一部閉鎖、価格交渉力の強化など

・研究開発シナジー……研究開発投資力強化、技術・ノウハウの複合など

・財務シナジー……借入コストの削減、借入余力の増加など

純資産法およびのれん代法

問76 純資産法およびのれん代法に関する記述のうち正しくないものはどれですか。

A. 企業価値算定のための時価純資産法とは、貸借対照表の資産・負債を時価評価し、また貸借対照表に計上されていない簿外資産・負債も時価評価して算定した純資産を株式価値とする手法である。

B. のれん代法はキャッシュ・フロー法で算定した企業価値にのれん代を加算して算出する方法である。

C. 税務上は営業権の持続年数を、原則10年として計算する。

D. のれんは無形資産であり、営業権とも呼ばれる。

選択肢の説明

A. 適切。買い手側にとって対象企業（売り手側）の実態を把握するためには有効な手段である一方、時価の算定などにコストや時間を要するケースがある。

B. 不適切。のれん代法は、キャッシュ・フロー法ではなく、純資産法で算定した企業価値にのれん代を加算して算出する方法である。

C. 適切。

D. 適切。

正解　B

解説　テキスト第3分冊　168頁〜170頁参照

　のれん代法とは、純資産法により算定した企業価値にのれん（営業権）を加算して算出する方法である。「のれん」とはオフバランスの資産、つまり貸借対照表に計上されていない無形資産のことで、例えば、専売する権利、ブランド価値、顧客情報、ノウハウなどがあげられる。

のれん代法のイメージ

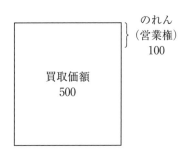

　税務上の営業権とは、通常、暖簾（のれん）、老舗（しにせ）などと呼ばれている企業財産の一種とされている。営業権の内容をなすものには法律上の特権が包含されていることもあるが、それ全体としては法律で定められた権利ではなく、いわゆる「事実に基づく財産」といわれるものである。税務上の具体的な評価方法は下記の算式※による。

平均利益金額×0.5－標準企業者報酬額－総資産価額×0.05＝超過利益金額

超過利益金額×営業権の持続年数（原則として、10年とする）に応ずる基準年利率による複利年金現価率＝営業権の価額

※税務上の評価方法とは別に、数年分の利益を加算した金額をM&Aの価額とする場合がある（年買（倍）法という）。任意の利益の種類、年数は交渉によって決まることが多い。

プライベートバンキング資格試験対策問題集
（第 3 分冊）

2023年10月24日　初版第 1 刷発行

発行所 ── ときわ総合サービス 株式会社

　　　〒103-0022　東京都中央区日本橋室町4-1-5
　　　共同ビル（室町四丁目）
　　　☎ 03-3270-5713　FAX 03-3270-5710
　　　https://www.tokiwa-ss.co.jp/

印刷／製本 ── 株式会社サンエー印刷